中小學生必讀的
法治故事

美好的閱讀經驗
正義的法治人權

新北市人權教育輔導團國小組召集人 高元杰
新北市頂溪國民小學校長 羅文興
強力推薦！

編著◎吳淑芳、吳惠花、忻詩婷　漫畫◎古氏

推薦序一：從閱讀遇見溫暖的生命

近年來民主社會的發展日趨成熟，但隨之而來的社會亂象似乎也日漸增多，「民主與法治」是一體兩面，共生共榮，在追求「民主」的同時，唯有成熟的法治素養，才能夠真正享受到民主的精神與價值。

法治素養需要從小培養起，尤其在中小學階段是人格養成的重要時期，因此，如何在學習生涯中，給與正確的法治觀念，就顯得非常重要。「聽故事」是學生最喜歡的活動，也是引起孩子學習動機最有效的方法之一，若能透過故事的情節、角色的扮演傳達「法治教育」的概念，相信一定更能深深印在孩子的腦海中。

本書作者延續《中小學生必讀的溫暖故事》的精髓，蒐羅古今中外歷史、傳說、寓言故事，改寫成適合中小學生閱讀的文章，不僅可作為孩子自修的課外讀物，也可作為老師、家長與孩子共讀的文本。除了「選文」內容的閱讀外，亦可透過作者設計的「想一想」、「錦囊妙計」、「隆中對策」、「妙筆花絮」等閱讀活動，提升孩子綜合、分析等能力，更可以從中對於文章呈現的法律主題進行討論、分享，使得法治教育與閱讀學習有所結合，而不再是枯燥的法律條文的研讀課程。

在本書中，作者蒐集共十八篇的故事，闡述八種法治教育的主要概念，大多是我們較為熟悉的故事，〈國王的新衣〉、〈疑鄰盜斧〉，有些則是來自民間傳說故事〈阿順的小金貓〉、〈捕蛇者說〉，也有來自國外寓言故事〈誠實的樵夫〉、〈矮子國王〉，以及歷史史書《史記》的〈河伯娶親〉等，透過閱讀，不僅擴展孩子的視野，也能了解到「法治精神」是古今中外皆然。

這樣的一本好書，推薦給所有熱愛閱讀的好朋友們，最重要的是，希望這樣類型的書，也能引起大家的共鳴，帶給孩子更多生動有趣的學習教材，讓孩子們能快樂的學習！

新北市永和區頂溪國民小學校長
羅文興

推薦序二：思考、閱讀與寫作

市面上為提升孩子語文能力的叢書可說是琳瑯滿目，針對中小學生法治教育所編撰的書籍亦日漸增多。從孩子熟悉的兒童故事，結合閱讀、深度討論與寫作所設計的教材加入——《中小學生必讀的法治故事》，可說是淺顯易懂，值得推薦給所有的愛書人。

作者擁有豐富的文學素養，從事小學教育的她，有感於中小學法治教育的重要性，因此，心中始終藏著使命感，希望能出版一本受孩子歡迎，並能自發性閱讀的法治教育叢書。

全書以故事為主軸，在進入故事前，有「想一想」的導讀活動提示出與故事情節相關的問題重點，「請聽我說」則是描述文章的背景與大意，讓讀者易於理解與欣賞。

書中的延伸學習活動，包括「錦囊妙計」單元的問題討論與思考、「妙筆生花」單元的寫作引導練習，還有漫畫欣賞、「武林秘笈」單元中的名言佳句與法律小常識作為小結，題材與內容可說是精采多元。

全書選文以貼近兒童為中心，精選民間傳說、成語故事、童話故事等等。有大家熟知的〈放羊的孩子〉、〈國王的新衣〉、〈疑鄰盜斧〉等，還有真實史實，像是〈西門豹治水〉、〈刺客豫讓〉，更有經典文學〈格列佛遊記〉等。

由於人權是一種權利的闡述與執行，若僅用講述難以讓兒童了解，故作者精選幾篇故事探討兒童在生活中容易遇到的人權問題，例如以格列佛在小人國的際遇來討論自由權，以三件禮物中阿姨擅自拿取山基諾的物品來討論財產權，讓學生從故事中學習人權概念，進而能在生活中實踐。

《中小學生必讀的法治故事》一書，從故事中輕鬆探討嚴肅的法治與人權教育問題，不只是一本適合中小學生閱讀的優質書籍，也是絕佳的親子共讀與教師教學的好教材。

新北市仁愛國小校長暨國小人權教育輔導團召集人
高元杰

作者序：法治精神，公平正義

凡有不平之事，大家都想尋求真相，把事情查個水落石出，法律便是因此而存在的。雖然大家需要法律，但是卻不了解法律，也未嘗深思相關議題。法律是社會的習慣和思想的結晶，依託於人們的需求而存在，需要實際例證才容易理解，理解後，才能了解法律對我們的幫助，所以本書針對法律在生活中的幾個面向——竊盜、詐欺、傷害、貪心、說謊、賦稅、猜忌、人權等，選出相關故事以為佐證，讓孩子了解法律意涵，培養法治精神。

故事，對孩子來說，一直是最富吸引力的題材，如果想要對孩子講述道理，又不讓他們感到枯燥乏味，講故事無疑是最佳的方式。本文精選寓言故事、童話故事、成語故事、歷史文學等，像〈一葉障目〉闡述的是一個「未經深思的竊盜」行為，對比〈小偷的咒語〉所述「蓄意竊盜」的行為，讓孩子了解三思而後行的道理；安徒生〈國王的新衣〉是大家耳熟能詳的故事，中國古代名人西門豹治理漳水的故事也非常有名，兩者的共同點就是有一群蓄意騙財的詐騙集團，孩子從故事的敘述中抽絲剝繭，避免日後被詐騙；《史記》與《列子》中的兩段故事都和傷害他人有關，從故事中讓孩子了解，不管是出於善意或是惡意，殺人都是不對的行為；〈鹽石磨〉、〈賣湯圓〉是廣為流傳的民間故事，〈阿順的小金貓〉在日本的民間故事中亦有相似版本，三個故事看來似不相關，但是其中都有因為貪心而得不償失的教訓；《格列佛遊記》的〈小人國遇難記〉論自由權，〈矮子國王〉論尊嚴權、〈三件禮物〉論財產權等。所有故事經過改寫，將文字淺化，並加強故事的趣味性和衝突點，讓孩子在閱讀故事時，能體會閱讀的趣味，進而了解違法的後果與守法的重要，並培養法治精神。

另外，為了激發孩子閱讀的樂趣，本書還設計了和故事配合的漫畫，以增進孩子對於內容的理解，並增添閱讀的趣味；也準備了問題，幫助孩子理清故事脈絡，了解故事所蘊藏的道理。「錦囊妙計」是較淺白的問題，只要用心閱讀，都可在故事中找到答案，有助釐清故事脈絡；「隆中對策」的問題則須討論、思考，可以延伸閱讀的思考廣度。還有「妙筆生花」是各種寫作練習，希望孩子除了理解故事的意涵外，也能從中學習寫作的技巧。

本書寫作的目的在於提供孩子一個美好愉悅的閱讀經驗，從興趣培養起，進而能自動自發閱讀，並從閱讀中獲知前人的經驗，並在生活中實踐，讓孩子的人生道路能夠走得更穩。

吳淑芳、吳惠花、忻詩婷

目錄

Contents

一葉障目

想一想

俗話說：「貪不但帶來痛苦，也使人墮落。」當你在別人桌上看到自己很想要，卻沒有辦法買的東西，現在四下無人，請問你會怎麼做？

請聽我說

本文選自《鶡冠子‧天則篇》（鶡，音ㄏㄜˊ），相傳為戰國時楚國隱士所撰，撰者姓氏不詳。後來「一葉障目」被沿用為成語，比喻被局部或暫時的現象所迷惑，無法認清全面或根本的問題。

「貧賤夫妻百事哀」正是故事中書生一家人的生活。書生手無縛雞之力，又菽麥不分，加上個性倨傲，常得罪人，因此謀生不易。然而他身為一家之主，當然會很著急，他能想出什麼辦法來解決呢？

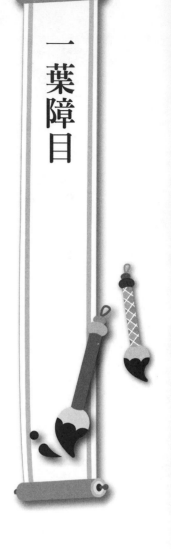

從前，楚國鄉下有位書生，從小努力讀書，自詡滿腹經綸，自恃甚高，跟人交談時，常不會看臉色，因而說出不得體的話，得罪了對方，久而久之，世家大族都拒絕他的依附，斷絕了他當官的前途。

有一天，妻子向書生抱怨：「當初你不如意回來時，我體諒你心情不好，便讓你休息一陣子。哪知這幾個月下來，你每日只知讀書，你要是再不去賺錢，我們一家老老小小，全都要去喝西北風了！」書生答應妻子，明天開始出外謀生。但是，要做什麼好呢？

隔天，書生一大早洗漱完畢，穿了最好的衣衫，便往鎮上出發了。他心想，鎮上有數家富戶，家中若有小孩，說不定會請西席先生，這樣他一邊教書，一邊讀書，一舉兩得，每月還有數兩銀子可賺。書生越想越高興，忍不住加快了步伐。可是，他從早上走到黃昏，從鎮頭走到鎮尾，說破了嘴，人家不是早已請了老師，不然就是聽到書生之前的名聲，假意推辭，或是覺得書生言談間太過倨傲，似乎看不起主人家。最後書生只得垂著肩膀，拖著一身疲累回家。

書生在家中苦思數日，決定創作字畫到鎮上叫賣，說不定還可以賺些錢。他興匆匆的跑到鎮上，用家中所剩不多的錢購買了許多紙、墨，用心畫了許多張畫，寫了許多張字，帶到市集上，將畫擺在借來的兩張板凳上，寫了「賣字畫」三個字，就當開張了。書生也不叫賣，字畫也沒有標價錢，只坐在攤後讀書，來來往往的人看看書生的字畫，搖搖頭就走了。等到日正當中，書生被太陽晒得頭昏眼花，才放下手中的書卷，收起所有字畫回家了。

書生去市集天天擺攤，都沒有人要買，風吹日曬讓字畫都褪了色。書生心想，這麼下去不是辦法，得想想還有什麼事好做。正巧，二叔在鎮中開的飯館，小二因為家中有事請假幾天，二叔請書生去幫忙，說好每日給工錢。書生滿口答應，高高興興的去上工了。做了三天，不是報錯菜名，就是送錯菜；手腳也不快，常常讓客人等；收碗盤的時候，也常手滑打破碗盤。二叔見生意都快沒辦法做了，等小二一回來，就給書生一點錢，讓他回家了。

書生拿著錢回家，卻發現妻子因為操勞過度生病了。書生趕緊去請大夫為妻子看病、抓藥，幾回下來，書生剛賺的錢又快花光了。書生坐在家中發愁，突然想起以前在書上讀過，若是能得到螳螂捕蟬時用來遮蔽身體的那片樹葉，放在自己的眼前，別人就看不見你了。書生聽著家中孩子的號哭聲，決定要找到這片樹葉。

他站在家附近的大樹下，找呀找，終於找到這片葉子。他高興的將這片葉子摘下，沒想到風一吹，葉子竟然落到下方的落葉中。這該怎麼辦才好呢？書生十分苦惱，只好把落葉都帶回家，一片一片試。

書生回到家的時候，剛痊癒的妻子正在家中忙進忙出，書生拿起一片葉子放在眼前，問妻子說：「你看得見我嗎？」妻子回答：「看得見！」一連試了二十幾片後，妻子失去耐心，便隨口回答：「看不見！」書生很高興，便跟孩子說：「你等著！爸爸等一下會帶好吃的給你們吃！」說完，便出門了。

書生眼前放著那片葉子，嘴裡還念著：「你看不見我！你看不見我！」走到肉鋪前，直接拿走一大塊肉。肉販愣了一下，大喊：「有賊啊！抓賊啊！」眾人合力將書生帶到衙門，縣官詢問事情經過，忍不住笑了出來說：「你該不會是讀書讀傻了吧！葉子怎能讓人隱形呢？」便將肉還給肉販，叫書生回家了。

錦·囊·妙·計

一、為什麼書生無法獲得世家大族的提拔？

二、為什麼書生賣字畫、做小二都失敗？

三、請問書生用什麼方法，企圖使別人看不到他？

隆中對策

一、你覺得書生為什麼要偷竊？他的理由正當嗎？

二、如果你是縣官，聽到書生說明事情經過，你會怎麼判決？

三、如果你是書生的妻子或孩子，看到書生因為這件事被逮捕，你會有什麼想法？

妙筆生花

●作文教室：續寫結局

每個故事的發展都有一定的順序與邏輯，以本篇故事作為範例：

書生不諳謀生→家裡沒錢→書生想賺錢但沒有技能→賺不到錢→家裡沒飯吃→書生想到旁門左道→書生去偷竊→書生被逮捕

作者在故事中安排許多衝突與問題，並從要表達的主旨、主角的性格、環境的設定等方面來決定主角的解決方法。我們在讀完故事後，學習作者考量的方式，根據原故事邏輯，來思考故事可能的其他走向，賦予故事新的意涵。

◎牛刀小試

請任選下列一個情境，用150個字來完成後續的故事。

①如果書生沒有找到葉子，故事會怎麼發展呢？

②書生從衙門回家後，會發生什麼事呢？

....

....

....

....

漫畫

如果找到那片葉子，
我就能夠……
好，就這麼決定！
一葉障目之法
找到啦！
找到啦！
這樣就大功告成了，趕快來試試看效果。
哈哈，你看不到我。
傻瓜
白痴

小偷的咒語

想一想

俗話說：「貪食者消化不良，貪甜者牙齒易壞，貪利者靈魂會腐，貪功者人格變歪。」很多的偷竊案件，源自於一個「貪」，即對各種事物不知滿足，導致用非法的手段獲取，然而，人類或多或少都無可避免的偶爾會萌生貪念，例如：貪小便宜等。想一想，你是否有因為貪心，而有不好結果的經驗？

請聽我說

本文選自中國民間故事。故事中的主人翁因為志向訂定錯誤，加上個性使然，使他犯下令人啼笑皆非的罪刑。古今中外有很多小偷的故事，請你想一想，這些故事中的小偷，為什麼要偷東西，偷完後會有什麼結果，對他自己還有被偷的人有什麼樣的影響？最後，思考日常生活中，要如何預防小偷的行為。

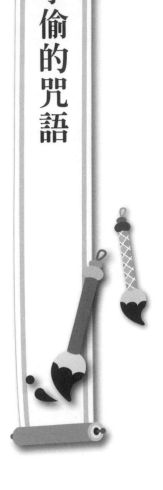

從前，有個人想當小偷，但因為很粗心、動作又慢，每次還沒偷到東西，就被人發現了，有幾次很幸運的逃走，但大部分的下場都是被人抓住毒打一頓。所以他只好到處找工作，找了許久，總算找到一份在餐館當服務生的工作。每天忙著招呼客人，端菜遞茶，擦地抹桌，工作結束，便把店裡的板凳拼成床睡覺。

過年前，他趕到市集上幫忙採買年貨，看到鎮上有戶人家大肆採買，十分羨慕。過幾天，他聽到客人的談論，原來這家男主人到外地經商一年多，賺了一大筆錢，趁著過年趕回家團聚，讓家人過個好年。他聽完後，再當小偷的想法又蠢蠢欲動了。

一天晚上，他決定先去探路。他換上夜行衣，蒙上面巾，悄悄的出門，輕輕爬上這家人的屋頂，掀開幾片屋瓦，從屋子的梁上一路往前爬行，企圖找出藏錢的地點。因為他實在太久沒有當小偷了，所以動作有點大，驚醒了才剛入睡的男女主人。

女主人睡眼惺忪的對男主人說：「是老鼠在梁上爬嗎？」窗外的月光映照進來，男主人抬頭一看，正好看見一個黑影趴在梁上，知道是小偷來探路了。男主人不想打草驚蛇，告訴女主人：「好像是老鼠，我在外地經商的時候，幫助過一位道長，他告訴我一個咒語『要打吾小偷』，只要對著東西念五遍，再說出希望它看起來像什麼，別人看起來就會像那樣，我百試百靈。你明天去買老鼠藥回來，對著它念五遍，希望它變成油，老鼠一定會去吃的。」

女主人半信半疑的說：「真有這麼靈？」男主人說：「那是當然的啦！這可是仙家咒語，道長說要是每念一次，就加念一句『你看不見吾』，連念十次，別人就看不見你呢！」小偷非常高興，心想：有了這個咒語，我就可以成為世上第一神偷了！便沒繼續聽兩人的談話內容，匆匆離去。

第二天，小偷先念完咒語，換上夜行衣與面罩，輕輕撬開男主人家的門，便四處翻找起來。卻沒發現男主人和衙門裡的捕快早就躲在一旁觀察他的行動，等到他打開男主人故意放在床邊的箱子，被箱中的銀子閃花了眼時，捕快們衝上前去壓住他，男主人這才點亮蠟燭，來個人贓俱獲。

男主人和捕快一起將他送到衙門，關進大牢，等候審判。他始終不能理解，不是說念了咒語，別人就看不到他嗎？難道是咒語念得不對？一路上，他一直喃喃自語，想要搞清楚這個問題。等到被審問時，還反問主審官是不是他咒語念錯了，怎麼大家都看得到他呢？大家被他弄得啼笑皆非，最後，主審官判他打了十幾個板子，告誡他不能再偷竊了，便把他送走。他一邊揉著屁股，一邊走，還是想不透，為什麼這件十拿九穩的事，會失敗呢？

錦·囊·妙·計

一、這個人原本要改行了，為什麼又重操舊業，想去偷東西？

二、為什麼男主人要編出咒語的故事？

三、你覺得男主人具有怎樣的優點？

隆中對策

一、你覺得這個人立定要當小偷的志向如何，請說明你的理由。

二、如果男主人當場揭穿梁上有小偷，可能會有什麼後果？

三、你覺得這個人為什麼會有這樣的結果，他應該怎麼做才對？

●作文教室：角色性格設定

德國哲學家尼采說：「性格即命運。」故事中角色的個性，與故事敘述的邏輯息息相關。以本篇故事為例，主角的特性決定了他的判斷與結果：

1.主角立志當小偷，但身手不靈巧→一直失敗

2.遇到有錢人，升起貪念→重操舊業

3.身手不靈巧→被主人發現

4.不思考對錯，輕信主人言→失敗被捕

如果因為一個事件，導致主角的個性轉變，或是能力提升，故事的發展就隨著主角的成長而有所改變。要注意的是，無論角色的個性與能力如何轉變，故事劇情都有符合邏輯。

◎牛刀小試

假設一行人出遊，沒想到其中一人的錢包不翼而飛，請以合理的判斷，將以下各種性格的人其處理方式寫出來。

1.強哥：急躁不耐煩、動手比動腦快

2.小明：冷靜執著、喜歡思考

3.寶寶：膽小怕事、不喜歡紛爭、凡事以和為貴

漫畫

武林祕笈

●名言佳句

1.我們永遠不會被別人欺騙，而是自己欺騙自己。——德國戲劇家歌德

2.不怪自家麻繩短，只怪他人古井深。——中國諺語

3.細漢偷挽匏，大漢偷牽牛。——閩語俗諺

4.狐狸責怪陷阱，卻不責怪自己。——英國詩人．布雷克

5.做賊的心虛，放屁的臉紅。——中國諺語

6.偷一根針的人，也將會偷一頭牛。——英國諺語

7.未做賊，心不驚；不吃魚，口不腥。——中國諺語

●法律小常識：竊盜

無論原因是什麼，也不管物品是金錢、房屋、車輛，或是小東西，只要你有意在未經原物主的許可下，隨意拿取不屬於你的東西，都算犯了「竊盜罪」。

即便像〈一葉障目〉裡的窮書生，因為生活貧困而去偷肉，依然會受到法律的制裁，更何況是〈小偷的咒語〉裡蓄意竊盜的行為，必然會受到更重的罰則。竊盜罪最重可以處五年以下有期徒刑，千萬不要以身試法。

國王的新衣

想一想

法國哲學家盧梭說：「我們不會因無知而迷路，卻會因為相信自己所知道的事情而迷失。」人們很容易被自己先入為主的既定觀念所限制，而不願容納其他的意見，這會讓我們看不清真相。想想看，當你面對不同的質疑時，你會用既有觀念去判斷，還是會先傾聽他人意見？

請聽我說

本故事選自《安徒生童話》，安徒生是丹麥的兒童文學作家，他廣泛蒐集民間故事，加以改寫，有些故事則是自我創作，完成許多耳熟能詳的故事，像是〈美人魚〉、〈小木偶〉、〈紅鞋〉等。《安徒生童話》與《格林童話》齊名，安徒生也被尊為童話大師。

〈國王的新衣〉藉由國王想要擁有世界最美麗的衣裳，而遭到自稱學過魔法的裁縫師詐欺，突顯出國王的虛榮、大臣們的虛偽、裁縫師的狡猾、孩子的純真等多個面向，是篇寓意深刻的童話故事。在閱讀此故事前，請先想一想，什麼是真話？什麼是假話？什麼情況下，對你說真話的人是真正為你好？還是說假話的人才是真正為你好？

選文

從前，有位國王非常愛漂亮，他命令王宮裡的裁縫師，不管材料、不論價錢，每天都要做出不同樣式的服裝供他換穿。漸漸的，國王的衣服越來越多，一間房間放不下，就放到第二間，第二間放不下，就放到第三間，等到放滿十幾間房間的時候，裁縫師們再也設計不出新花樣了。國王氣得將所有裁縫師趕出宮殿。

第二天，全國各市集中張貼一張告示：「國王陛下詔令：如果有人做出的衣服，送到王宮能讓國王陛下滿意，陛下將會賞賜他一大筆獎金。」

王宮前排起長長的隊伍，每位裁縫師見到國王，都迫不及待，口若懸河的推銷自己的衣服。

「國王，這是用最美麗的中國絲綢做的，穿起來很高貴哦！」、「這式樣是最流行的，穿起來最時髦了。」但是國王一件接一件的試穿，就是挑不出滿意的。國王因為一直沒有新衣穿，所以心情很不好。

有一天，一高一矮的兩位裁縫師到王宮來參見國王，他們拍拍胸脯說：「我們有學過魔法，一定可以做出讓陛下滿意的衣服！」國王聽到兩人學過魔法，便想請兩人當場表演，但高個子裁縫師搖搖頭說：「陛下，您弄錯了，我們倆不是魔法師，我們學的是專門用在裁縫上的魔法，這種魔法可以做出世界上最神奇的衣服。」國王聽了，非常高興，急忙問：「那是什麼樣的款式，什麼花色？為什麼是世界上最神奇的衣服？有什麼特別的呢？」

矮個子裁縫師說：「它的顏色比花朵鮮豔、質料比雲彩輕柔，款式獨一無二，最特別的是，只有聰明人才看得見它。」

「啊！」國王驚訝的瞪圓眼睛說：「那麼，愚笨的人就看不見這衣服囉？」

「是啊，所以說它是一件神奇的衣服。」

「太好了！」國王高興的說：「只要我穿上那件衣服，就可以分辨我的臣子，哪個是聰明人，哪個是不可信賴的笨蛋。」

兩個裁縫師要求國王給他們準備一個房間，沒有他們的允許，任何人都不准進入，不然魔法就會失效；還向國王領了一大筆錢，要求買材料。這些材料可不便宜哪！要金子紡成金線，銀子紡成銀線，東方來的蠶絲線，高級的羊毛線，染色的棉線。國王看到材料單，光是想像，就覺得這衣服一定華美無比，便命令侍從趕緊採購，送進裁縫師的房間裡。國王每天只能從窗口望見兩人忙著紡紗織布的身影，他倆晚上還點燈忙到三更半夜呢！

過了一段時間，國王決定派一位心直口快的老將軍去察看進度。高個子裁縫師打開門，笑嘻嘻的將老將軍帶進房裡說：「您看，我們日夜趕工，總算快織好了。您看，這布料的顏色和花紋多麼美麗鮮豔啊！」

老將軍上前一看，咦，織布機上面什麼也沒有！他驚訝的眨眨眼睛，左看右看，織布機上就是空的。老將軍呆住了，心想：完了，我該不會真是笨蛋吧！這事兒絕對不能傳出去！他吞吞吐吐半天，才大聲的說：「太……太漂亮了，我都看傻了眼，不知該怎麼讚美了。」將軍向國王這樣回報。

過了幾天，國王又派宰相去察看進度。兩位裁縫師將才剛織好的布料從織布機上拿起，展示給他看，聰明的宰相立刻嚇出了一身冷汗。他不敢承認自己沒看到，只好不斷讚美：「哇，多麼高貴的布料呀！多適合陛下啊！」說完就趕緊退出房間。

不久，兩位裁縫師捧著新衣去拜見國王。他們得意的說：「陛下，您的新衣做好了，您瞧，這是一件多漂亮的衣服呀！相信穿在您的身上，一定會顯得更年輕英俊，是世界上穿著最高貴的國王。」裁縫師一邊說，一邊將衣服翻來翻去，展示給國王看。

國王什麼也看不見，卻仍裝出很滿意的表情，脫下身上的衣服，穿上這件新衣。

國王穿好衣服，召喚眾臣來問說：「怎樣，我這件衣服是不是真的很好看？」臣子們愣了一下，就同聲讚美說：「哇，好高貴的衣服呀！陛下您穿起來真是合適。」大家口裡讚美著，表情卻都怪怪的。

國王穿著新衣，在侍從、侍衛開道下，得意洋洋的走出王宮，到街上展示新衣。街邊早已擠滿了民眾，每個人都看見國王只穿一條內褲就上街了，但是因為怕被人恥笑自己是笨蛋，沒有人敢說出來。一位坐在父親肩膀上的小男孩，歪著頭問他的父親說：「爸爸，為什麼國王陛下只穿內褲就跑出來了呢？他不怕感冒嗎？」

小男孩的父親連忙摀住小男孩的嘴，罵說：「小孩子別亂說話！」然後擔心的看向國王。路旁的人群忍不住笑了出來，大家都開始同意小男孩的看法。

國王被大家笑得不好意思，也不管侍從，雙手摀著臉，一路跑回王宮去了。國王生氣的要逮捕兩位裁縫師，可是他們早就逃得無影無蹤了，從此以後國王再也不提做新衣的事了。

錦·囊·妙·計

一、請問王宮裡的裁縫師為什麼做不出新衣了？

二、為什麼王宮裡的宰相、將軍及所有大臣都不敢說看不見布料？

三、為什麼國王再也不做新衣了？

隆中對策

一、你覺得國王為什麼挑不到滿意的衣服？

二、從這則故事中，你覺得國王的個性上有什麼特點？

三、如果將軍或宰相說出看不到布料的實話，國王會相信嗎？

●作文教室：角色簡介

當我們在閱讀系列小說、漫畫書時，會注意到正文開始前會附上「角色簡介」，目的是藉由簡述角色的個性、活動區域、生存年代、主要經歷事件、主要夥伴、職業等項目，讓讀者快速了解角色在作品中的定位。寫作原則是在介紹時，盡量不要超過五句話，以引起讀者對此角色興趣。

◎牛刀小試

請以「角色簡介」的寫作原則，為本篇故事中出現的角色作簡單的介紹吧！

1.國王

……………………………………………………………………

2.裁縫師

……………………………………………………………………

3.大臣

……………………………………………………………………

漫畫

高貴的國王，我們能做出可以判斷誰是智者或愚者的魔法衣服。
好！要多少製作費都可以。
太讚了！簡直是超級模特兒。
帥氣度破表！
爸爸，我也想要小熊內褲。

河伯娶親

想一想

美國作家約翰遜說：「誠實而無知，是軟弱的、無用的；然而有知識而不誠實，卻是危險的、可怕的。」知識即力量，然而以擁有的知識去傷害他人，獲得個人利益，是會被眾人所詬病的。仔細思考約翰遜的話，你覺得有道理嗎？

請聽我說

本故事選自《史記‧滑稽列傳第六十六》。《史記》由漢朝司馬遷所著，司馬家歷代都擔任史官，負責記錄當時發生的重要大事。秦始皇統一天下時，接受李斯的建議，除了建築、種植、醫藥類的書，大部分的書籍都被焚毀，使得漢初時，對於前朝歷史不太了解。司馬遷的父親立志要補全之前的歷史，他四處訪查、蒐集資料，但在他有生之年並未完成，後來由他的兒子司馬遷接手，終於完成《史記》這部歷史巨作。

司馬遷用不同於過往史書的撰寫體例，用創作文學作品的方式來書寫史書，讓《史記》成為日後史書撰寫的範本。

選文

戰國時代，魏國的鄴城是個很貧窮的地方，鄴城旁邊有一條名叫「漳水」的河，經常氾濫成災，讓農夫辛苦一年的農作顆粒無收。魏文侯很苦惱，便派西門豹到那裡做官，希望能解決這個問題。

西門豹到了鄴城，不急著整治水災，而是每天出門到處觀察河流的走向、流速，又讓人用桶子沉到河底打水，看看水裡有多少泥沙和石頭，又到田裡，捏起土來細細觀察。鄴城的人民都不清楚新來的大人為什麼要這樣做，只是默默的做自己的事。

一個月過去了，西門豹祕密拜訪鄴城的老人家，他問老人說：「我觀察河中多是泥沙，大石不多，且田中土質良好，水患應不難治，何以鄴城貧困至此？」老人搖搖頭說：「大人有所不知，鄴城之貧少為天災，多為人禍！」

西門豹覺得很奇怪，就問老人：「什麼人禍？」老人家左看右看，關上門窗才小聲的說：「大人，十幾年前，我們這裡來了一位巫祝，她宣稱水患是因為河中有水鬼作亂，於是和城裡的官吏、學者聯合，向各戶人家依照田地大小、數量收錢。巫祝和助手們又說河伯想要娶妻，便找了一位年輕貌美的女子穿上新娘服，連同豐盛的供品放在船上。他們在船底開了一個洞，那女子就連船一起沉沒在河底了。」

老人喘了口氣，說：「本來，我們以為這樣就沒事了，可是那年依舊有水患。巫祝又說了，一定是河伯對供品不滿意，所以每戶要交更多錢，要選更漂亮的美女才行。每年仍然有水患，巫祝要的錢就越來越多。有一次祭祀完，我親眼看見巫祝和官吏、學者們一起到酒店裡喝酒，他們喝醉了，高興的談論明年要收更多錢來花。大家知道後，家裡有漂亮女兒的、有點錢的，都先後搬離此地，鄴城只剩下像我這種走不動的老頭子和窮人。大人，我們真的活不下去了啊！」老人嗚嗚的哭了起來。西門豹拍著老人的背說：「老人家別傷心了，我會處理的。」

西門豹並沒有馬上抓官吏、學者、巫祝來審問，而是派人對巫祝說：「我才剛來此地，聽說有河伯娶親的祭祀活動，到時請通知我，我想要參觀。」巫祝回覆：「歡迎大人來參觀。」

到了河伯娶親當日，西門豹依時前往河邊，官吏、學者和民眾都到了。西門豹看到已經是七十歲老婆婆的巫祝，帶領十幾個弟子從遠方走來。西門豹對巫祝說：「先叫今年預定和河伯成親的女子來給我看看！」巫祝彎腰說：「大人，以前並沒有這種規矩。」西門豹瞪了巫祝一眼，說：「我是大人，還是你是大人？我總要先看看這女子的美醜，能不能讓河伯大人滿意吧！」巫祝沒有辦法，便叫一名弟子去帶女子來。

等女子過來後，西門豹前看後看，對學者、官吏、巫祝說：「你們看，這女子臉上有痣，體態瘦弱，怎麼可以獻給河伯大人當妻子呢？麻煩巫祝大人下去通報一下，說我們將訪求更漂亮的美女，改日再獻給河伯大人。」說完，便叫身邊的侍衛們將巫祝丟進河中。

西門豹原地踱步，等了一會兒，說：「巫祝大人怎麼去這麼久，該不會是年紀大了，口齒不清吧！來人啊！請一位弟子下去說明。」侍衛們又將一名弟子丟進河中。

西門豹又等了一會兒，說：「怎麼這麼久，該不會這名弟子不會說明吧，來人啊！再請其他位弟子下去說明。」便將三名弟子丟進河中。西門豹面露不耐煩，說：「該不會是因為巫祝和弟子都是女子，見到河伯大人不知該如何說話吧！那要麻煩幾位學者大人下去解釋。」侍衛們不等學者反抗，便將學者們丟入河中。

西門豹越等越無聊，過了許久，又說：「怎麼連學者大人都沒有用？該不會要派官吏下去說明才行？」收賄的官吏們跪在地上面如死灰，向西門豹狂磕頭。西門豹看了他們一眼，慢慢的說：「嗯！那就再等一下吧！」官吏們仍跪在地上，不敢起來。

過了一會兒，西門豹說：「你們起來吧！想必是河伯太久沒看到學者、巫祝了，把他們留下開宴會，大家都不要等了，回家吧！」說完就離去了。

之後，西門豹廣招民眾，開鑿十二條灌溉渠道，讓河水得以分流；田地得到灌溉，也就再也沒有水患了，鄴城的人民從此可以過上好日子。至於河伯娶親的事，也沒有人敢提起。

錦·囊·妙·計

一、為什麼西門豹到任後，不急著整治水災，反而到處看看？

二、當西門豹問老人家問題時，老人家為什麼不能正大光明的說明？

三、請問真的有河伯大人嗎？巫祝將向老百姓徵收的錢財用到哪裡了？

隆中對策

一、你覺得鄴城的人民為什麼會被騙？當他們知道實情後，為什麼沒有反抗巫祝一行人？

二、請問西門豹在聽到老人家的證詞後，為什麼不馬上把巫祝一行人抓起來？

三、請問用河伯娶親的方式反將巫祝一軍，還是直接將巫祝抓起來，哪種方法比較好？

妙筆生花

●**作文教室：推理與寫作**

推理可以分為直接推理、間接推理等。「直接推理」是指線索清晰可辨，從中理出邏輯順序；「間接推理」則是指線索難尋，需用間接線索予以證明推論其合理性。想要創作推理故事，必須先經過縝密的思考和審慎的取材，架構好完整事件，並依此訂定大綱，寫作時一步步釋出線索，供讀者推理，注意要符合邏輯，才不會破綻百出。

以本篇故事為例，就是以「河伯娶親」的事件作為主體，西門豹就像福爾摩斯，藉由現場勘查、多方訪問的方式來收集線索，並由線索中推論「河伯娶親」應是貪污詐騙事件，最後再以巫祝一行人的邪說反將他們一軍。原本枯燥的歷史事件，藉由這種推理的寫法，讓讀者在不斷思考的過程中，得到閱讀的樂趣，同時也忠實反映了要表達的主旨。

◎牛刀小試

以下成語均是出自《史記》，請先查明解釋，並任選兩個成語認識背後典故。

一飯千金、一諾千金、三令五申、毛遂自薦、四面楚歌、出奇制勝、日暮途窮

....

....

....

哈哈，我的新娘來了，先來偷看一下。
噗—！
我再也不敢了。
帥哥不要走啊！

詐欺篇
武林祕笈

●名言佳句

1.遇欺詐之人，以誠心感動之；遇暴戾之人，以和氣薰蒸之；遇傾邪私曲之人，以名義氣節激勵之；天下無不入我陶冶中矣。——《菜根譚》

2.義士不欺心，廉士不妄取。——《說苑》

3.人惡人怕天不怕，人善人欺天不欺。——中國諺語

4.人可欺而心不可欺，心可欺而天不可欺。——中國諺語

5.自己的命運，要靠自己開創。對於虛偽欺詐，必須絕對加以摒拒。——俄國文學家．柴霍甫

6.詐欺——那是在所有的良心留下了刺。——美國作家．凱利

7.天下無憨人，豈可妄行詐欺？——《圍爐夜話》

●法律小常識：詐欺罪

〈國王的新衣〉、〈河伯娶親〉兩篇故事的共同點，就是有一群蓄意騙財的詐騙集團，利用人性的弱點，獲取不法利益。「詐欺」是指為了自己的利益，用欺騙的方式奪取他人的利益，這種觸法行為需要坐牢一到五年。其他包括：

1.幫他人處理事情，結果背叛對方，把利益奪走，這種背信的行為也算犯法。

2.浮報價錢，假設他人以兩千五百元的價格販售兩千元的商品，或是你幫他人買東西，在未告知對方的情況下，故意多報價錢，都算犯法。

而詐欺犯之所以能成功，有一部分原因歸咎於受害者的投機心態及輕信他人的結果。國王因為愛慕虛榮，想要新衣而被詐騙；鄴城民眾因為想要永絕水患，卻不思考巫祝的謊言，而被詐騙。所以還是分清楚「想要」和「需要」，用正當的方式獲得最好。

豫讓與趙襄子

想一想

《菜根譚》說：「一生一死，乃知交情；一貧一富，乃知交態；一貴一賤，交情乃見。」人與人的真心交往是不需要在乎身分地位，在患難中更能見證彼此的友誼，然而，如果為了友誼和報恩而去殺人，這樣的行為是對的嗎？

請聽我說

本文選自《史記‧刺客列傳》。春秋戰國時代，各諸侯擁兵自立，各自征戰，企圖擴大自己的領域，智伯也是如此。他企圖攻打趙襄子，沒想到出兵前消息走漏，趙襄子便和韓、魏密謀一起對抗智伯，大敗其軍隊，三國瓜分他的土地。受智伯提拔的豫讓，不計代價一心要為智伯報仇。閱讀故事的時候，可以思考豫讓為何會採取如此激烈的手段，他的個性有什麼特點，又是抱持什麼樣的決心？

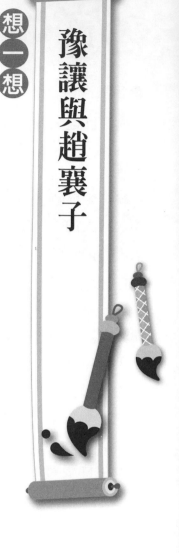

選文

春秋戰國時代，各國爭戰不休，國君都想擴張領土，獲得最大利益，若是找到合用的人才，也願意許以高官厚祿留住對方，以免人才跑到其他國家效力。

晉國的豫讓先到范氏去謀職，可惜他的意見不被重視，所以豫讓就離開了；他又跑到中行氏那裡去試試看，依舊不受重視。最後，他到智伯那裡去就職，在他的努力之下，得到智伯的信任，得以擔任重要的職務，名聲也才顯揚出去。

智伯一直想要擴大領土、增加人民，經過一段時間的準備，要對趙襄子發動戰爭了。趙襄子的密探得知這個消息後，趕緊將消息回傳，趙襄子非常生氣，便祕密聯繫韓國和魏國，和他們商量一起出兵對付智伯。要是打贏了，智伯的領土與人民便三方平分，對方同意，便祕密調動軍隊到邊界待命。

對此一無所知的智伯，意氣風發的讓軍隊出發，做著戰勝歸國的美夢。沒想到，趁著都城空虛，三國聯軍一下子就攻破都城，軍隊回援不及，被徹底擊潰。智伯全家都被俘虜，斬首示眾，智伯的領土被三國瓜分完畢。而趙襄子在解除智伯這個心腹大患後，把智伯的頭顱硝製、上漆做成酒器，在宴會中展示。

豫讓僥倖逃出，當他聽到智伯被殺，頭顱被做成酒器的消息，非常傷心。他說：「女為悅己者容，士為知己者死。智伯對待我就像知己，現在他被害了，我一定要為他報仇，就算粉身碎骨，在所不辭。」豫讓聽說趙襄子的宮裡要招募奴僕，他就易姓改名去應徵打掃廁所，每日辛勤打掃，懷裡放著一把匕首，打算在趙襄子上廁所時刺殺他。

一天，趙襄子來上廁所了，豫讓揣著匕首，激動的等待機會。趙襄子覺得氣氛不對，便叫侍衛去搜查。侍衛發現豫讓行蹤鬼祟，便抓住他，送到趙襄子面前，侍衛當場搜身，果然發現豫讓懷裡有一把匕首，而豫讓也爽快的承認自己是來刺殺趙襄子的。

趙襄子看著豫讓，頓起愛才之心，侍衛們請趙襄子殺了豫讓，趙襄子搖搖頭說：「智伯真是好福氣，死後還有這麼忠心的臣子！」便把豫讓放了，讓他趕緊離去，不要再想報仇的事了。

豫讓十分悔恨自己沉不住氣，還讓趙襄子提高警覺，下次的刺殺行動就更困難了。他想了想，決定改變自己的容貌，讓趙襄子認不出他，所以豫讓吞炭破壞自己的聲音，變得嘶啞後，在身上塗上生漆，讓皮膚過敏潰爛，和之前的模樣天差地遠。然後在市集上到處乞討，連他的妻子經過他面前，都沒有發現這是自己的丈夫。

不久，他聽到趙襄子出行的消息，便躲在他必經的橋下，打算伏擊。結果趙襄子的馬突然長嘶一聲，停下不肯走了。趙襄子覺得有異，叫手下去搜查，豫讓躲避不及，便被抓到了。趙襄子看著蓬頭垢面、流膿長瘡的人許久，問說：「你是豫讓吧！」豫讓回答：「是！」侍衛們大吃一驚，紛紛拔出兵刃，護衛在趙襄子周圍。

趙襄子看著豫讓，問說：「你以前不是在范氏、中行氏手下做事嗎？他們被智伯滅亡的時候，你也沒有為他們報仇，反而到智伯手下做事。為何我滅亡智伯後，你就要為他報仇呢？」豫讓說：「范氏、中行氏並不重視我，所以我對他們沒有向心力；可是智伯非常重視我，給我適當的官職來發揮才能，所以我也要抱以等同的尊重與忠誠。」

趙襄子嘆了一口氣說：「你為了報答智伯對你的照顧，所以才來刺殺我，可是我已經給過你一次機會了，今天我不可能再放了你，讓你對我的生命再造成威脅。」豫讓說：「我曾經聽過賢明的君主不會掩蓋臣下的功勞；忠誠的臣子會以生命來回報君主。你以前曾經給過我機會，已經贏得賢明的名聲，我今天被你抓住，也沒有什麼好說的，只希望能夠給我最後一次機會，讓我完成我的心願，讓我得以死而瞑目。」

趙襄子說：「要如何完成你的心願呢？」豫讓說：「請給我您的一件外衣，我用匕首割破外衣，就算完成我的心願了。」趙襄子答應，便脫下外衣，讓侍衛拉著兩端，豫讓拿著匕首攻擊外衣三次，大喊：「我之後見到智伯也可以無愧於心了。」便自刎而死。

錦·囊·妙·計

一、為什麼豫讓要刺殺趙襄子？

二、為什麼豫讓第一次刺殺趙襄子會失敗？

三、請問豫讓用什麼方式完成心願？

隆中對策

一、請問豫讓對范氏、中行氏、智伯的態度不一樣的原因是什麼？

二、你覺得豫讓為什麼會不惜自毀身體，也要報恩？

三、你覺得豫讓為了報恩不惜自毀身體，且傷人性命的行為好不好？

●作文教室：語詞組文

「語詞組文」即是將各個獨立的語詞，組成通順的文章。此題型的重點在於能了解並掌握各語詞的意思與用法，可以擴充語詞的認識量、增進語詞的了解、精熟語詞的運用，並以短文寫作的方式磨練寫作技巧。

◎牛刀小試

請先了解各成語的意思，並任選三個成語，寫成一小段短文。

逃出生天、屏氣凝神、熙熙攘攘、機緣巧合、虎視眈眈、比鄰而居、心懷不軌、心腹大患、以逸待勞、斬首示眾、蓬頭垢面

漫畫

強盜？強盜！

想一想

法國哲學家盧梭說：「當人不計代價想成為富人時，哪裡還有什麼德行可言呢？」當你遇到一個人被利益蒙蔽了雙眼，罔顧所有道德，甚至危害到他人生命安全時，你會怎麼做？是盡力勸告他，或是不與他有任何往來？還有其他更好的方法嗎？

請聽我說

本篇從《列子．說符第八》選出二段和強盜有關的故事。《列子》是春秋戰國時代的思想家作品，書中善用各種言談和故事說明各種道理，讓人感覺生動活潑而容易接受。現在社會上強盜案不時出現，請你邊閱讀邊思考，如果遇到這種狀況要怎麼辦，以及文中的主角面對事件處理方式的效果。

選文

【牛缺遇盜】

在上地這個地方，有一位非常有名的飽學之士，名叫牛缺。有一天，他到趙國邯鄲去辦事，在半路上遇到一夥強盜。當時因為各國間常常發生戰爭，所以一些逃兵或是飢餓的平民便會去當強盜來過生活。強盜將他洗劫一空，牛缺卻沒有像一般人那樣驚慌失措、跪地求饒，反而揮揮衣袖，瀟灑的緩步前行。

強盜們發現這種異於常態的狀況，便追上前去詢問。牛缺回答：「身為有修養、有學識的君子，不會因外在的物質而改變自己的修養、氣度。」說完便繼續緩步前行，不理會背後的強盜。

強盜們回去討論說：「牛缺真的像傳言中一樣，是個有修養、學識的人。不過，這樣有名的人到趙國去，一定會受到國君召見，要是被發現他身無長物，國君問起原因，牛缺想必會據實以告，這樣趙國國君就會派軍隊來圍捕我們，我們不就危險了嗎？」所以強盜們操起刀械，趕上前去，從後面把牛缺砍死。

這件事傳開了之後，有位燕國商人告誡家中所有子弟，如果遇到強盜，千萬不要學上地的牛缺這樣做，否則將會引來殺身之禍，大家都答應了。過了不久，他的弟弟要到秦國做生意，半路上也遇到強盜。他想起哥哥的教誨，便抵死反抗，可是他打不過強盜，所以跪地求饒，請強盜不要把所有財物搶走。

強盜很生氣的說：「我們饒你一命，已經夠寬宏大量了，你還追著我們要財物，這不就會暴露我們的形蹤嗎？」便將燕人弟弟一行人全部殺掉。

【郤雍辨盜】

晉國飽受強盜侵擾，讓晉侯感到非常困擾，他想了很多方法來解決這個問題，但是都沒有成效。他聽說郤雍有一個很厲害的本事，他可以在和人談話的同時，觀察對方的神情、語氣，正確推斷是否有不法的行為。晉侯抱著死馬當活馬醫的精神，邀他到宮裡，沒想到郤雍看了一群人之後，可以非常準確的找出小偷、強盜，令晉侯很高興。

一天，晉侯和魏文子聊天，激動的說：「有了郤雍之後，我再也不用煩惱國內的盜賊問題了。」魏文子說：「君上不要高興得太早，你靠著郤雍一個人來解決國內的盜賊問題，恐怕強盜還沒抓完，郤雍的命就不保了。」晉侯不相信魏文子的話。

沒想到過了一段時間，強盜們實在受不了了，便偷偷聚集討論郤雍對大家的危害，最後決定要永絕後患。因此在一個月黑風高的日子，偷偷溜進郤雍的家，把他殺害了。晉侯得到這個消息，簡直青天霹靂，急得汗如雨下。這可怎麼辦？

正當晉侯不知如何是好時，他突然想起魏文子對他說的話，便趕緊召見魏文子，詢問他有什麼解決之策。魏文子說：「當你用追捕、嚴查的方式，只是讓他們的活動更隱密、更地下化。要處理這個問題，必須正視源頭：為什麼會有強盜？這全部都是因為教化不顯、官吏不清明，讓人民難以生存，讓逞凶鬥狠的人有機會欺凌他人。所以，任用賢能的人，推動清明的政治與合適的教化，讓老有所養，幼有所長，人民安居樂業，誰會想要去做朝不保夕的強盜呢？」晉侯覺得很有道理，便照魏文子的話去做，果然強盜的問題獲得解決。

錦·囊·妙·計

一、為什麼牛缺會被強盜殺害？

二、為什麼郤雍會被強盜殺害？

三、請你想一想，這兩則故事要傳達的重點各是什麼？

隆中對策

一、你覺得牛缺、燕人弟弟面對強盜的態度合宜嗎？為什麼？

二、為什麼魏文子會告訴晉侯「郤雍止盜」是無效的？

三、請你想一想，當你碰到他人不友善的對待或是危及你的安全時，要怎麼面對？

●作文教室：順敘法

依事件發生順序鋪陳而成的故事，即是順敘法。故事通常是由一連串的事件所組成的，事件的順序有一定發展的邏輯，順著故事發展。

事件的起因→事情的發展→事情的轉變（可能不只一次）→事情的結果

以〈三隻小豬〉為例

起因：小豬各自獨立→發展：依照小豬的個性蓋出不同的房子→轉變：大野狼出現→第二次發展：大哥與二哥的房子被摧毀→第二次轉變：豬小弟的磚屋讓大野狼沒有得逞→第三次發展：大野狼試圖闖入豬小弟的家→結尾：大野狼逃走

◎牛刀小試

假設你生活在春秋戰國時代，在旅行的途中，遇到〈牛缺遇盜〉裡的那一群強盜，你會怎麼辦？以順敘法完成短文。

眼前突然出現一夥強盜，當我想往後逃走時，卻發現自己早在不知不覺中被強盜們團團包圍了。我緊緊抱住手中的包袱，裡面有這次旅行的盤纏，→

....

....

....

啊！
有人偷了我的錢包！
神探卻雍，你能幫我找出真正的小偷嗎？
嗯……
就是她！
她偷走我的心了~~~
……

武林祕笈

●名言佳句

1.禮義生於富足，盜賊生於貧窮。——《增廣賢文》

2.讀書不見聖賢，如鉛槧傭；居官不愛子民，如衣冠盜；講學不尚躬行，為口頭禪；立業不思種德，為眼前花。——《菜根譚》

3.當人殘殺老虎的時候，人稱之為一種運動；當老虎殘殺人的時候，人稱之為一種兇惡殘暴的行為。——愛爾蘭劇作家．蕭伯納

4.人類災厄的要因之一，是有一部分的人誤以為用暴力可以改善並組織人們的生活。——俄國作家．托爾斯泰

5.財富使人常遭傷害，永無安寧。——英國劇作家．約翰海伍德

6.施展暴力又無理由，只會自食其果——羅馬詩人．賀拉斯

●法律小常識：傷害罪

〈豫讓與趙襄子〉與〈強盜？強盜！〉兩篇故事都和傷害他人有關，雖然出發點不同，但不管是出自善意或惡意，用言語、肢體或其他方式蓄意傷害他人，就犯了「傷害罪」。像豫讓為了報恩，連家人都不顧，實在不妥。

如果傷害他人的身體或健康，處三年以下有期徒刑。

如果導致他人受重傷，處五到十二年的有期徒刑。

如果讓他人死亡的話，處七年以上到無期徒刑。

平常和同學相處的時候，不要因為吵架，一時激動而犯下傷害罪喔！

鹽石磨

想一想

《朱子家訓》說：「莫貪意外之財，莫飲過量之酒。」亦即不要追求不屬於自己應該獲得的身外之財。不靠自己努力獲得的財富，不僅無法用得心安理得，更容易招致他人的妒忌。想一想，如果你發現一個能變出錢的寶物，你會怎麼做？

請聽我說

本文改寫自民間傳說，故事裡的兄弟面對同一個寶物，因為心態的不同，而導致不同的後果。在閱讀故事前，要先了解鹽在古代的角色。鹽，是生活必需品，大多都是取海水曬鹽，但因古代製鹽工藝與區域的限制，所以離海越遠的地區，鹽越難以取得；再加上鹽溶於水的條件限制，更增添了運送的困難。

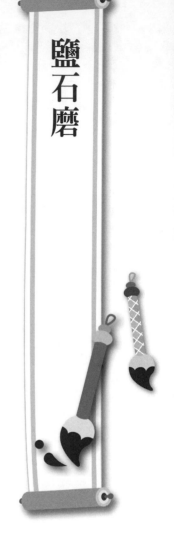

歷史上，政府怕有人蓄意抬高鹽價，導致人民生活困難，所以會將鹽列為公賣品，由政府管制鹽的生產、輸出、定價、販賣。但是民間還是有人偷偷製鹽、賣鹽，因為價錢比官鹽便宜，所以購買的人不少。不過，多半只在沿海地區的市集裡出現，因為量小又混雜在其他商品中出售，所以政府較難查到，也有人因為賣鹽而致富。

選文

在一個沿海的小村莊裡，一對兄弟謹守母親臨終前的遺願，相親相愛，互相扶持。即便哥哥成年後，娶了村裡的女孩當妻子，三個人還是一起努力，因此家裡的生活逐漸改善。

日子一天天的過去，轉眼間，弟弟已經十八歲了，家中也多了兩個到處奔跑的小男孩。某天吃飯時，嫂嫂摸著隆起的肚子說：「家裡又要添一張吃飯的嘴啦！弟弟啊，你也不小了，你瞧我都要生第三胎了，你總不能永遠都和我們住在一起吧？」哥哥說：「那有什麼關係！咱們可是兄弟！」嫂嫂就不再說話了。

晚上，弟弟在入睡前聽到哥哥和嫂嫂的談話。哥哥責怪嫂嫂不該說出要弟弟搬出去住的話，嫂嫂說：「你已經照顧他到十八歲啦！夠啦！」哥哥嘆口氣說：「我知道妳是好心，可是我在母親臨終前，答應她要好好照顧弟弟的。」哥哥又嘆了一口氣：「可是咱家現在沒有餘錢讓他娶媳婦啊！妳先別急著跟他說，我再想想辦法！」

弟弟從那天後，每天早出晚歸，過了幾天，弟弟拿著幾件衣服與家中的舊鋤頭，默默的離家了。一年後的夏天，弟弟在田地裡忙了一天後，又累又餓的回到家，喝了一碗水後，便拿出早上煮好的一碗冷飯來吃。這時，有位老爺爺走到弟弟的門口，向弟弟討碗水喝，喝完水後，又問弟弟可不可以給他一點東西吃，弟弟便把那碗冷飯拌了一點醬菜，給老爺爺吃了，然後自己到田裡挖了幾條地瓜，用灶火煨熟來吃。

老爺爺知道自己把弟弟的晚餐吃掉了，便從包裹裡拿出一個小石磨送給弟弟，說：「這個小石磨送給你，你把它裝在木船上，並念出祕訣：『左三下右三下，船艙半滿就回家！』切記不可洩露此祕密！」然後轉身就走，讓弟弟來不及拒絕。

第二天，弟弟向鄰居借了艘船出海捕魚。捕完魚，弟弟想試試看老爺爺的話是不是真的，便念起口訣，結果小石磨自己轉起來，磨出白白的沙子，弟弟用舌尖舔了一下，好鹹！是鹽啊！弟弟聽從老爺爺的話，裝滿半船艙的鹽就讓小石磨停下來。他在海上住了一晚，然後將船划到鄰鎮上，把鹽和魚賣掉，帶著錢和雞、豬回到家。弟弟在小石磨的幫助下，漸漸有錢了，而鄰居以為他捕到很多魚，所以才能賺到錢。

哥哥為了要養活家人，日子過得很辛苦，嫂嫂聽到弟弟有錢的消息，便要求哥哥到弟弟家去探問。兄弟倆一年多沒見了，弟弟高興的準備了豐盛的食物請哥哥吃。吃完飯後，哥哥吞吞吐吐的說出來意，弟弟頓時露出為難的表情。哥哥以為弟弟不想跟他分享發財的祕訣，生氣的想回家，弟弟趕緊拉住哥哥，往門外看了看，關起門來，請哥哥坐下，轉身進房裡去拿出小石磨借給哥哥，並要求他保密。

哥哥抱著小石磨回家，照著弟弟的方法，也賺到了錢。哥哥的神祕舉動引起嫂嫂的好奇，哥哥禁不住嫂嫂的再三追問，終於把小石磨的祕密告訴嫂嫂。嫂嫂興匆匆的對哥哥說：「那明天我跟你一起去！」

隔天，哥哥和嫂嫂駕著船出海了，哥哥轉動小石磨，等到船艙半滿，要將小石磨停下來時，卻被嫂嫂阻止了。「讓它轉下去啊！轉滿一船鹽，就不用跑兩趟了！」哥哥被嫂嫂說服了，可是當船艙滿了，小石磨卻停不下來了。嫂嫂對著哥哥尖叫：「快讓它停下來！」哥哥沒有辦法，最後船因為承載太重而沉了，兩個人也跟著沉下去，小石磨也一邊轉、一邊沉向海底，而小石磨至今也許仍轉個不停喔。

錦．囊．妙．計

一、你覺得嫂嫂為什麼希望弟弟離開家？

二、為什麼老爺爺要給弟弟小石磨？

三、請問哥哥使用小石磨的結果為什麼會和弟弟不一樣？

隆中對策

一、如果你是哥哥，面對妻子的考量和對弟弟的責任，你會以何者為優先？

二、請問弟弟為什麼要到鄰鎮賣鹽？為什麼要讓鄰居以為他是捕魚致富的？

三、你覺得嫂嫂在兩兄弟的人生中，扮演什麼樣的角色？她的個性招來什麼樣的下場？

●**作文教室：轉折寫作**

在創作故事時，中間安排轉折，讓結果與之前的預期有所落差或完全不同，可以提升讀者的閱讀興趣。

範例：以「準時」為題，可以先在故事前半段安排主角準時的日常作息，轉折點就是某天出了突發狀況，讓主角打破常規，因為「不準時」而有新的經歷，讓故事有新的發展。

◎牛刀小試

請想一想，在生活中，你有沒有發生過或聽過像嫂嫂一樣貪心，後來卻吃虧的例子呢？請你利用「之前……，沒想到……」的敘述方式寫成一小篇故事。

好，可以回去了。
繼續磨下去，你就不用跑兩趟了啊！
糟糕，停不下來了。
快想辦法啊！
就說要停止了
我錯了，救命啊！
你不覺得海水越來越鹹了嗎？
有嗎？

賣湯圓

想一想

俗話說：「一分錢，一分貨。」如果有老闆用低到虧本的價錢賣東西給你，你會接受嗎？

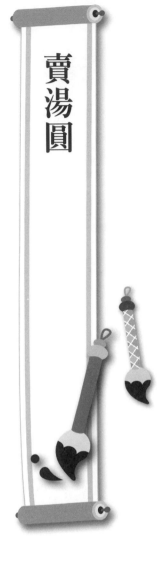

請聽我說

本篇故事改寫自民間傳說，故事有許多不同的版本，但故事大綱都是一位仙人假扮成老人在賣湯圓，希望能夠找到一位誠實的人，但是所有人都貪小便宜，只有一位年輕人沒有，最後仙人才說破他賣湯圓的真正用意。

在閱讀故事前，要先對故事背景有所認識，這個故事出現在宋朝之後，經濟已經有一定程度的發展，鎮上有固定的商街或市集，因此攤販也隨之產生，有沿路推著車叫賣的，像是賣油、賣豆腐、賣現成小吃等；還有固定在一個或數個地點叫賣的，這種攤販賣的東西，以需要煮食的居多，像是麵攤、餛飩攤、涼茶攤等，當然也有賣湯圓的攤位。湯圓原本只有在元宵節才會製作食用，但宋朝之後，因為人口眾多，農業生產富足，自然有餘糧來製作各項吃食。湯圓手工簡單，便於製作，天冷的時候，喝口甜甜的湯、吞下圓滾滾的湯圓，不但可以吃飽，還讓全身都暖了起來。

選文

一天，山腳下的村子裡，來了一位滿頭白髮、臉頰紅潤的老人，在村中選了一間廢屋後便住了下來。過了幾天，村民們發現老人在自己屋前擺了一個小攤子，熱騰騰的煙裡有著甜香的氣味，原來老人開始賣起了湯圓啊！

攤子前立了個牌子，村民大多不識字，便趕緊找中過秀才的教書先生來看。教書先生說：「這牌子上寫著，一個湯圓賣一枚銅錢，如果你付三個銅錢，就能吃湯圓吃到飽。」

一位村民看了看，大膽的上前問：「老人家，您剛才說的是真的嗎？」老人家依舊笑咪咪的說：「是啊！你擔心我做的湯圓不好吃？來！我免費請你吃一碗！」老人家手腳俐落的拿起碗來，舀了一大杓紅豆湯，又舀了一顆湯圓，遞給那位村民，說：「吃吃看你就知道了！」

村民聞了聞湯的甜香味，看著在紅色湯汁裡沉浮的白色湯圓，又圓又大，一口咬下，又香又軟，紅豆湯裡的紅豆燉得軟但又有口感，村民稀里呼嚕幾口就吃完了，大讚：「真是太好吃了！」老人家瞇著眼笑說：「我沒騙你吧！」村民想了想，從兜裡摸出三個銅錢，說：「老人家，那我就不客氣了喔。」老人家舀了一大碗湯圓。他說：「沒問題！到一旁去吃吧！我做了很多。」村民稀里呼嚕吃了六大碗，心滿意足的走了。

消息傳開了，村裡的李大嫂、王大嬸、陳大媽等一群婆婆媽媽們乾脆連飯都不煮了，帶著家裡的老老小小，通通到湯圓攤前報到，為了怕老人的碗不夠，連自家的碗和湯匙都帶去了。老人忙著搓湯圓、煮湯圓、盛湯圓，都快忙不過來了。大家敞開肚皮大吃，直到吃撐了，才捧著肚皮回家。

日子一天天過去，村民們都不煮飯了，每天時間一到，就習慣去老人的湯圓攤報到。一天傍晚，一位年輕人挑著擔子走到湯圓攤前，望著牌子，請老人給他六顆湯圓。老人抬頭一看，原來是才剛搬來的陳三，也不多說，就舀了六顆湯圓給他。陳三吃完後，從兜裡數出六個銅錢遞給老人。老人問他：「你難道不知道只要三個銅錢就可以吃到飽嗎？」陳三點頭，老人又問：「那你為什麼還要給我六個銅錢呢？」陳三說：「老人家，我也是賣東西的，知道這有多辛苦，怎麼可以這樣占您的便宜呢？」

老人拍手大笑：「好！好！好！真是個好孩子！」

老人請陳三把村民全請過來，說：「其實我來這裡，是為了找個誠實、有良心的人來當徒弟。現在，我找到了，要離開了。你們回頭看看村後那座山，有沒有發現有什麼不同？」村民這才發現這座山居然像被刀直切一般剩下一半。老人笑咪咪的說：「想不想知道山怎麼不見的？」村民們點點頭，老人手往攤子上一揮，所有的湯圓都變成泥團了。老人轉身一變，拉起陳三飛起，只聽到他的聲音傳來：「這山，都讓你們吃進肚裡了！以後別再這樣占人便宜了！陳三，隨我修仙去吧！」村民們才知道老人是神仙所變。

錦·囊·妙·計

一、請問老人賣湯圓的收費方式是什麼？

二、請問老人用賠本的方式賣湯圓的真正目的是什麼？

三、你覺得村民們知道真相後，會有什麼樣的反應？

隆中對策

一、為什麼老人要用賣湯圓的方法來測試大家？

二、如果你是村民，在不知道老人的真正意圖時，也會選擇吃到飽的方式嗎？

三、請問這篇故事的主旨是什麼？

●**作文教室：主題寫作**

「主題寫作」是指不指定文體，而是指定寫作主題方向的寫作方式。所以在寫作時，無論是以論說文、抒情文、敘述文，甚至是書信體、新詩等各種體裁，只要能表達主旨，文章通達理順即可。

◎牛刀小試

請你針對「占便宜」、「貪小便宜」的主題，寫出一小段短文。可以用故事體寫成寓言故事的形式，或是寫成說明文的形式，也可以以討論主題的方式寫成議論文，或是用對話的方式來編成劇本。

漫畫

紅豆湯
想知道你們吃的湯圓是用什麼做的嗎？
哈哈，其實全都是用那座山做成的。
再見了─你們要好好檢討自己啊！
你的湯圓內容物不實，我們要告你！
賠我們醫藥費！

阿順的小金貓

想一想

伊拉克俗諺：「貪心會使雪亮的眼睛失明。」如果你能取得想要的東西，你會選擇每天都取固定的量，還是一次取完？為什麼？

請聽我說

本故事改寫自中國民間故事，其實這種類型的故事，在世界各國都有類似的民間故事，像是會下金蛋的鵝或雞，會生金幣的貓，每天都會出現錢的盆子或箱子等等。

在閱讀故事前，小朋友你知道「升米恩，斗米仇」這個故事嗎？這個故事是說，有個人看到村中富豪救濟災民，災民感謝他的情況，十分感動，決定效法他的行為。他每個月給寄居在村頭廟裡的老乞丐十斗米加一百個銅錢，老乞丐很感激的接受了。就這樣過了幾年，這個人依舊保持他的承諾。某個月，老乞丐沒有收到那個人給的米和錢，便敲他家的門，那人出來，給了老乞丐五斗米和五十個銅錢，說明因為娶妻，之後還有孩子，沒辦法像以前一樣給那麼多，所以減半。老乞丐氣得大喊：「你怎麼可以拿我的錢和米，去養你的妻子和小孩呢？」

小朋友，請你想一想老乞丐為什麼會這麼說？再閱讀故事。

選文

鄉下的小村莊裡有一戶人家，專靠砍柴維生。一天，上山砍柴的父親下山時，失足摔進山溝而過世了。家裡本來就沒有餘錢，辦完喪事後，連買米的錢都沒有了。家中唯一的男丁阿順自告奮勇上山砍柴，將柴薪用推車推到城裡去賣。母親則在家裡帶著年幼的孩子，將家後面的一小塊地清理出來，向鄰居要了點菜種，種起菜來。

今天，阿順如往常一般，帶著麵餅上山砍柴。他一直砍到快中午，才將柴挑到林子旁的溪邊，準備拿出麵餅吃中飯。這時候，有位老爺爺顫巍巍的從前方走來，看起來快要昏倒了。阿順連忙扶老爺爺坐下，又用葉子盛了溪水讓老爺爺喝。

阿順問老爺爺說：「老人家，您怎麼了？」老爺爺喘了口氣說：「小朋友，我走太多路，現在好餓，你有沒有吃的？」阿順連忙掰了半個麵餅，塞到老爺爺手裡說：「我這兒有麵餅，您慢慢吃，小心別噎著了，我給您裝水去。」阿順裝好水，坐在一旁看老爺爺吃，見老爺爺吃完半個還沒飽，又將手上半個麵餅遞過去。老爺爺又問：「你上山來做什麼？」阿順往旁邊一指說：「我是來砍柴的！」老爺爺看到好大一堆柴，說：「這麵餅還是你吃吧！你砍了這麼多柴，應該很餓了。」阿順搖搖頭，把麵餅推回給老爺爺說：「不要緊，我家就在山下，等會兒回家就有得吃了。」老爺爺實在是太餓了，最後還是把麵餅給吃完了。

老爺爺問阿順：「為什麼是你這個小孩子上山來砍柴呢？你家大人呢？」阿順老

實將家中狀況告訴老爺爺，他聽完後驚訝的說：「你才十多歲就砍了三年柴！一定很辛苦吧？」阿順搖搖頭說：「只要家裡人有得吃、有得穿，我就不覺得辛苦。」老爺爺說：「真是個好孩子，」邊說邊從袖子裡拿出一隻小貓，「我吃了你的飯，就用這隻貓來表達我的謝意吧！你每天餵牠吃三兩鐵，牠就會拉出三兩金子，但是要記住，絕對不能多餵。」阿順接過小貓，向老爺爺鞠躬道謝，這才發現老爺爺已經不見了。

阿順將貓放在懷裡，把柴挑到市集裡賣，半信半疑的買了三兩鐵後回家，將今天遇到老爺爺的事情原封不動的說給母親聽。晚上，母子倆餵小貓吃了三兩鐵，整個晚上翻來覆去睡不安穩，好不容易熬到天亮，一看小貓睡覺的地方，果然有一小堆黃黃的金子。

阿順和母親討論，直接拿出金子會引人懷疑，不如等金子累積多一點，到外面學點本事，再回到村子裡，才不會惹人懷疑。所以阿順還是每天上山砍柴，母親負責在家餵養小貓。過了七、八天，家中的金子已經累積到一斤了。母親心想：這樣慢慢累積要到何時，我該試試看別的方法。當天晚上，母親多餵小貓一兩鐵，隔天早上，小貓也多拉了一兩金子。

母親非常高興，心想：過好日子的時間不遠了。便不顧老爺爺的提醒，也沒有告訴阿順，每天都加餵一兩鐵給小貓吃，連續加餵了三天，小貓也沒事。母親太高興了，便餵小貓吃下半斤鐵。

隔天早上，阿順聽見母親大哭的聲音，只見母親摸著小貓大哭，而小貓一動也不動，眼睛凸出，肚皮圓滾滾的，原來小貓被撐死了。阿順看著母親，想起老爺爺的提醒，忍不住嘆了一口氣。

錦．囊．妙．計

一、為什麼年紀幼小的阿順要上山砍柴？

二、為什麼阿順要幫助老爺爺，老爺爺又為什麼要送阿順小貓？

三、請問阿順的母親是怎麼把小貓養死的？

隆中對策

一、如果你是阿順，你會如何處理意外獲得的黃金？

二、如果你是阿順，看到母親抱著小貓在哭，你心裡會有什麼想法，又會採取什麼行動？

三、請問這篇故事的主旨是什麼？

●作文教室：突出主題物的作用

主題物或主題事件的出現，常會主宰事件的進展，然而主題物的規定與限制並非亂定，而是為了凸顯文章旨意而設置，主題物的功能越強，結局的衝擊性就越大，寫作時，若能妥善運用主題物，可以讓文章更吸引人。以本篇故事來說，本篇故事的主題物就是小金貓，因為小金貓，阿順家的生活得以改善。

◎牛刀小試

請你回想過往讀過的故事，是否也有出現主題物或主題事件。請寫下那個故事的主題物是什麼、有什麼作用，以及擁有主題物的差異為何？

主題物：

作用：

使用主題物前：

使用主題物後：

漫畫

老爺爺，你沒事吧？快坐下來休息。
暈~
餓~
有食物可以分我一點嗎？
我把麵餅分你一半。
謝謝你讓我恢復元氣，我要報答你。
哇！
碰！
太……太多了…………

武林祕笈

●名言佳句

1.滿足自己的人，常常會對別人不滿。常常對自己感到不滿的人，常常會對別人感到滿意。——俄國作家．托爾斯泰

2.富有人們的滿足，是從貧窮人們的淚水中得來的。——俄國作家．托爾斯泰

3.欲望越小，人生就越幸福—這是無法讓每個人都認同的古老真理。——俄國作家．托爾斯泰

4.莫貪意外之財，莫飲過量之酒。——《朱子治家格言》

5.人若無足，既得隴，復望蜀邪。——北宋政治家．司馬光

6.欲心難壓如溪壑，財物易盡如漏卮。——《幼學瓊林》

7.貪心好比一個套結，把人的心越套越緊，結果把理智閉塞了。——法國作家．巴爾札克

●法律小常識：貪心

〈鹽石磨〉、〈賣湯圓〉是廣為流傳的民間故事，〈阿順的小金貓〉在日本的民間故事中亦有相似版本，三個看似不相關的故事，其中都有因為「貪心」而得不償失的教訓。然而，去吃到飽餐廳，為了吃夠本，結果撐到胃不舒服；在自由取用處把所有東西拿走，害其他人沒得用，以上兩種情形，和故事相比又有何異？

因貪心而犯下最常見的不法行為，莫過於「侵占」了。「侵占」是指蓄意拿走別人的東西或是超過你購買的部分，並且不願意歸還給對方，這樣的罪行可判一到七年有期徒刑。路邊的野花不要採，別人的東西也不要亂拿喔！

放羊的孩子

想一想

希臘哲學家蘇格拉底說：「扯了一個謊，一定會被迫再編造二十個謊話去支持它。」你覺得人在什麼時候會說謊？如果有人蓄意說謊，會發生什麼事呢？

請聽我說

本故事選自《伊索寓言》，其中最令人印象深刻的句子，就是「狼來了！」這句話在整篇故事中造成的戲劇化效果，僅次於昏君周幽王為了博寵姬褒姒一笑，點燃烽火臺，讓諸侯衣裝不整拚命趕到的場面。兩者相同的是，說話者都哈哈大笑，覺得很高興；可是，聽話者卻覺得被騙、受委屈，很生氣。當同樣的事件一而再、再而三發生時，說話者仍興致高昂，覺得樂趣十足；可是聽話者還會繼續信任、再採取相同的行動嗎？當哪天謊話變成事實，又會發生什麼事呢？

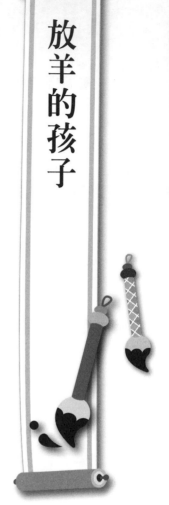

選文

從前有一位小孩，他的父母親因病先後去世，但因村裡的人都不富有，所以也沒有能力收養他，於是村長決定將村中所有的羊隻交給這位孩子，交代他負責將羊群帶到村外山坡上放牧，村民們每天提供他麵包，還湊出一點錢給孩子當薪水，讓孩子能過活。在村子外的山坡後面，有一座大森林，裡面住了一群狼，牠們會趁人們不注意時，跑出來獵食羊群。村長擔心羊群和孩子的安危，便交給他一個號角，千叮嚀萬囑咐：「萬一狼來了，你要趕快吹響號角，拍打牧羊杖，羊群就會自己往村子裡跑，村民們也會趕去救你。」孩子點點頭，收下號角掛在腰上。

日子一天天的過去，轉眼已經過了好幾年，孩子也漸漸長大了。在日復一日、年復一年的放羊生活中，孩子漸覺無趣，可是，要做什麼好呢？爬樹嗎？周邊這幾棵樹早就爬遍了；跑步嗎？村子外就只有這一片草地，沒什麼好跑的；到溪裡玩？小溪離草地有段距離，萬一羊跑掉了，這幾年存下來的一點點錢也不夠賠；進森林玩？萬一運氣不好，碰到狼怎麼辦？對了，狼！我開個玩笑，應該沒關係吧！他心想。

他拿起號角，大聲吹響，然後喊著：「救命呀！狼來了！狼來了！救命呀！」村民們一聽，拿著鋤頭、鐮刀、耙子等農具，從田裡急急忙忙跑過來，邊跑邊喊：「大家一起來趕走狼啊！」等到村民們氣喘吁吁的跑到山坡上，左看右看，都沒看到狼，大家便問放羊的孩子：「狼呢？」孩子假裝害怕，低頭說：「我剛剛不小心把老樹根看成是狼了。」一位村民過去看了看，還真的滿像一匹狼蹲在地上的樣子，所以摸摸孩子的頭說：「你反應很快，很好！不過下次要看清楚點。」村民們拿著農具回去了，卻沒看見孩子在後面摀著嘴、蹲在地上低聲笑的樣子。

過了一陣子，孩子又覺得無聊了，所以他又吹響號角，大喊：「狼來了！狼來了！大家快來救羊啊！」村民們正在田裡忙著鋤草、澆水，聽到號角聲，急忙衝到山坡上，可是這次仍然沒有看見狼蹤。村民怒氣沖沖的責問孩子，孩子假裝發抖的指著遠方的森林，說：「我聽到狼嗥叫的聲音。」村民看到遠方有一截空心的枯木，風吹過發出的聲音，聽起來的確很像狼嗥聲，只好半信半疑的回去了。等他們走後，孩子笑得在地上直打滾。

葉子一片片的落下，北風呼呼吹起，雪花鋪滿大地，一年快要結束了。村裡瀰漫著節慶的氣氛。孩子吃完飯，和村裡其他孩子一起玩牌，孩子玩瘋了，不經意的說出：「哈哈！我最厲害！我騙了全村人，其實狼根本就沒有來過！」

之後，這句話被流傳出去，村民們竊竊私語，都覺得這孩子真的太過分，決定以後不再相信他的話。孩子發現村民們突然不太想理他，他聳聳肩，繼續過日子。

春天來臨了，雪融了，嫩綠的草葉冒出地面，該是帶羊群出去放牧的時候了。孩子吹著口哨、腰上掛著號角，趕著羊往村外的山坡上去了。狼群餓了整整一個冬季，看到羊群，嗷嗚一聲衝出森林。放羊的孩子嚇得從地上跳起來，拔起腰上的號角猛吹，邊向村子跑邊大喊：「狼來了！狼來了！」村民們以為他這次又是惡作劇，大家都埋頭做自己的事，沒有人要理他。

他的喊叫吸引了狼群的注意，其中一隻狼從後方撲倒孩子，等到村民聽到狼嗥聲，再衝過來時，狼群已經拖走好幾隻羊了。

錦·囊·妙·計

一、為什麼孩子會擔任放牧羊群的工作？

二、當孩子第三次喊出：「狼來了！」為什麼沒有村民馬上去救他？

三、你覺得孩子最後的下場是什麼？

隆中對策

一、你覺得村民為什麼要讓孩子去放羊？為什麼還湊錢給孩子？

二、你覺得孩子第一次、第二次的理由是否能取信於人？為什麼？

三、你覺得造成孩子遭遇這種下場的原因是什麼？

●作文教室：輪迴式結構

閱讀故事時，我們常常可以發現類似的狀況會重複發生，我們稱為「輪迴式結構」。

以〈綠野仙蹤〉為例，桃樂絲先後遇到稻草人、錫鐵人、獅子，雖然他們有各自的問題與難處，但每次的冒險都有類似的結構（遇到問題→解決問題→繼續冒險），讓讀者在闖通關的過程中逐漸提升閱讀的興趣。

◎牛刀小試

請找出本篇故事的輪迴式結構，並寫下來。

……………………………………………………………………

……………………………………………………………………

……………………………………………………………………

……………………………………………………………………

……………………………………………………………………

……………………………………………………………………

漫畫

誠實的樵夫

想一想

宋朝學者楊簡說：「以實待人，非唯益人，益己尤大。」意思是誠實對待別人，不僅是對別人很好，對自己也很有好處。你覺得是這樣嗎？

請聽我說

本故事選自《伊索寓言》，還有另一個名稱叫〈金斧銀斧〉，其中最為人耳熟能詳的對話就是：「你掉的是這把斧頭嗎？」文中呈現不同的人，因為心懷不同的念頭，面對同一情況，做出不同的選擇，結果有了完全相反的結果。

兩人的差異在於，一方誠實坦白，不侵占不屬於自己的物品。若是侵占不屬於自己的物品，就犯了侵占罪，依照目前刑法規定，就算之後將侵占物品還給本人，罪名仍然成立，要處五年以下有期徒刑、拘役、或科或併科一千元以下罰金。

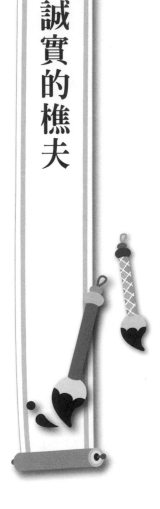

山裡有一個小村莊，村民多半依靠狩獵、伐木為生。森林深處有一個湖泊，每天都有許多動物到湖邊飲水，所以獵人也會固定在湖邊設陷阱，或埋伏獵捕動物。

有一天，樵夫們扛著斧頭進森林伐木，其中一位樵夫走到湖邊，想砍伐幾棵筆直又珍貴的樹木來賣錢，卻一不小心砍得太大力，斧頭被堅硬的樹幹彈了出去，撲通一聲，掉進了湖裡。樵夫捶胸頓足，抱怨自己的不小心，想到不知以後的生活該怎麼過，忍不住跪在湖邊痛哭起來。

樵夫的哭聲驚擾了湖神，湖神見樵夫很想要找回斧頭，便決定給他一個機會。於是在一陣霞光中，湖神浮出水面，對樵夫說：「你在哭什麼呢？」樵夫嚇得瑟瑟發抖，不敢回話，最後才捏著衣角，小聲的說：「我……我的斧頭掉進湖裡了。」

湖神彎腰，從湖裡撈出一把金斧頭，問樵夫說：「你掉的是這把斧頭嗎？」樵夫搖搖頭說：「不是，我的斧頭沒有這麼亮。」湖神再次彎腰，撈出一把銀斧頭，問樵夫說：「你掉的是這把斧頭嗎？」樵夫搖搖頭說：「不是，我的斧頭沒有這麼白。」湖神第三次彎腰，撈出一把鐵斧頭，問樵夫說：「你掉的是這把斧頭嗎？」樵夫高興的跳起來說：「對，對，對，這就是我的斧頭。您看，這上面的缺口還是我上次砍出來的呢？」

湖神將鏽跡斑斑的鐵斧頭交給樵夫，樵夫如獲至寶的接過，向湖神鞠躬致謝，湖神被樵夫的誠實所感動，便將金、銀斧頭也送給樵夫。樵夫開心的回到家裡向妻子說明事情經過，並帶著金、銀斧頭到城裡賣掉，換回兩頭乳牛與新衣物，將剩餘的錢存起來，準備讓孩子上學用。

村子裡另一位樵夫嫉妒他的好運，決定也要試試看。他假裝到湖邊砍樹，將斧頭大力的丟進湖裡，激起很大的水花，然後跪在湖邊大聲哭喊：「啊！我的斧頭啊！」

在一片霞光中，湖神出現了，他問這位樵夫說：「你為什麼哭呢？」這位樵夫抹抹根本不存在的眼淚，說：「我的斧頭掉進湖裡了。」湖神彎腰，從湖裡撈出一把金斧頭，問樵夫說：「你掉的是這把斧頭嗎？」這位樵夫眼神發亮，馬上從地上站起來，撲上前去，說：「對！這就是我的斧頭！」湖神將斧頭收回，問樵夫說：「你確定嗎？」樵夫伸長了手，說：「當然！我都是用這把斧頭砍樹的！快給我！」

湖神不高興的瞪了樵夫一眼，說：「你這個人真是貪心！」說完便沉入湖底。樵夫留在湖邊，對著湖大叫：「你不把斧頭還給我，我接下來的生活要怎麼辦？快還給我！」不管樵夫怎麼叫，湖神都不理他。這位樵夫不但沒有得到金、銀斧頭，就連自己唯一的斧頭都弄丟了。

錦·囊·妙·計

一、請問村民在湖邊進行什麼活動？

二、請問樵夫為什麼會坐在湖邊大哭？

三、請問樵夫為什麼會收到三把斧頭？另一個樵夫一把也得不到？

隆中對策

一、你覺得樵夫為什麼不要金、銀斧頭，而要鐵斧頭？

二、如果你是樵夫，得到金、銀斧頭後，你會怎麼處理？

三、如果你是另一位樵夫，連原本的鐵斧頭都被湖神沒收了，你會怎麼辦？

妙筆生花

●作文教室：對照組的使用

創作故事時，安排兩組以上的角色，在面臨同一個狀況，做出不同的選擇，最後導致不同的結果，讓讀者從中比較差異，引發讀者的思考。像是〈誠實的樵夫〉是以誠實的樵夫對照說謊的樵夫；〈北風與太陽〉是以北風的狂風對照太陽的熱力；〈蟋蟀與螞蟻〉則是以偷懶對照努力，讓讀者領略優劣。

另外一種則是前後對照，像是〈周處除三害〉就是從周處由惡轉善的差異，傳達改過自新的重要，一樣有引人反省的效果。

◎牛刀小試

請你想一想，如果以以下角色作為故事的主角，你會安排什麼樣的對照角色，作為故事的發展？

1.跑步健將的兔子vs.……………………………………

2.沉默的業務員vs. ……………………………………

3.體型龐大的鯨魚vs.……………………………………

4.愛乾淨的媽媽vs. ……………………………………

5.愛漂亮的孔雀vs. ……………………………………

6.準時的時鐘vs.…………………………………………

漫畫

武林祕笈

●名言佳句

1.真者，精誠之至也，不精不誠，不能動人。——莊周・戰國哲學家

2.以信接人，天下信之；不以信接人，妻子疑之。——暢泉・晉朝隱士

3.人無忠信，不可立於世。——程頤・宋朝哲學家

4.以實待人，非唯益人，益己尤大。——楊簡・宋朝學者

5.誠實是人生的命脈，是一切價值的根基。——德萊賽・英國作家

6.欺人只能一時，而誠實卻是長久之策。——約翰雷・英國學者

7.生命不能從謊言之中開出燦爛的鮮花。——海涅・德國詩人

8.人如失去了誠實，也就失去了一切。——黎里・英國散文家

●法律小常識：說謊的罪責

〈放羊的孩子〉與〈誠實的樵夫〉兩篇故事，一個是連續說謊的下場，一個是誠實的後果。如果牧羊童第一次說謊後就道歉承認，雖然可能會被村民責備，但總比日後信用值歸零來得好。基本上，說謊是不好的行為，嚴重的話，甚至會犯下誹謗、誣告、偽證、詐欺等罪刑。

如果提出假證據或說出假證詞，那就犯了偽證罪；如果是捏造事實，或散布謠言，那就犯了誹謗罪；如果在大庭廣衆下，沒有事實依據亂罵人，不僅犯了誹謗罪，還會加上公然侮辱罪。以上刑法的處分輕則罰錢，重則坐牢。

請三思而後行，不要因為一時衝動，導致後悔莫及的事。

捕蛇者說

想一想

「取之於民，用之於民。」意思是從人民身上獲取的東西，必須施用在人民身上。北歐國家的稅收雖然很高，但社會福利非常完善，無論是失業或是老年人都能享有保障，人們過著不虞匱乏的安定生活。假設你賺一百元，政府徵收七十元，卻不是用在國家建設和民生上，你會怎麼想？

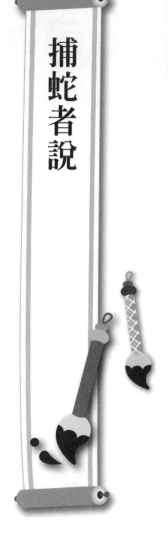

請聽我說

本文為唐代著名文學家與思想家柳宗元的寓言故事，為控訴當朝橫徵暴斂的罪行而寫。柳宗元，字子厚，唐代河東郡（今山西省永濟市）人，人稱柳河東、柳柳州，與韓愈同為中唐古文運動的領導人物，並稱「韓柳」。他一生的官途並不順遂，因個性剛正耿直，受到貪官污吏的打壓，被貶謫到永州和柳州，也因此有機會體察民間疾苦，寫下一篇篇警示勵文。

這篇文章的構想脫胎自《禮記》的段落，故而附上，兩文並讀，看看不正確的徵稅會有什麼影響。

選文

【捕蛇者說】

唐朝時，在湖南省永州市的郊區，有一種黑底上有白色花紋的蛇，只要這種奇異的蛇爬過的地方，周遭的草木全部都會枯萎死亡。不僅如此，牠還會攻擊人類，因為完全沒有解藥可以治療蛇毒，受傷的人很快就會死亡。如果幸運捉到牠，將牠殺死、曬乾後做成中藥，可以治療麻瘋、手腳僵曲、脖子腫、惡瘡，還可以化去腐壞的肌肉，殺死人體內的三屍蟲，用途很大。有次皇宮中的太醫有需求，皇帝便下令招募能捕蛇的人，每年只要上交兩條蛇，就可以抵免當年應繳的稅，所以永州的人都爭相蜂擁去捕蛇。

柳宗元擔任永州司馬時，曾訪問當地一位姓蔣的人家，他們已經有三代靠著捕蛇來抵免賦稅了。他說：「我的祖父因為被蛇咬到而傷重不治，我的父親也是如此，我已經捕蛇十二年了，差點被蛇咬死的經驗也有好幾次。」他黝黑的臉龐上，帶著哀戚。

柳宗元說：「這個工作這麼危險，為什麼你願意做呢？要不要我通知掌管這件事的官吏，更換你的差事？不要再冒著生命危險捕蛇了，好好安養天年吧！」

蔣先生聽到後，馬上跪下對我磕頭，淚眼汪汪的說：「大人，如果你可憐我，想要讓我活下去，就千萬不能這麼做！我們家世代居住在這村中，眼看沒有捕蛇的鄉親鄰居們，生活一天比一天艱難，田地的作物全用來繳稅還不夠，家當能賣的都賣了，卻不能解決稅款，只能輾轉遷徙，過程中冒著嚴寒酷暑，遭受風吹雨打，離開的不是不知去向就是死去，而因飢渴勞累而死去的人堆疊成山。每當兇惡的官吏來到我們村中，總是大呼小叫，到處騷擾破壞，看到想要的就隨手拿走，大家喧譁驚恐，連雞狗也不能安寧。我總是謹慎的檢查瓦罐中的蛇，看到蛇還在，就能安心睡覺，而不用擔心官吏的騷擾。我小心的餵養蛇，依規定的時間把牠獻上，就能安心耕種，吃著田裡的作物過活。一年只要冒兩次生命危險，就能得到整年的安寧，即使會因為捕蛇而死，我也比鄉親們多過了許多快樂的日子，這已經很好了，我哪敢對這份差事有所抱怨呢？」

柳宗元聽完蔣先生這番話，內心感到非常悲痛。孔子說：「苛政比老虎還兇猛！」他曾經懷疑這句話的真實性，現在從蔣先生的遭遇來看，的確是如此！

【苛政猛於虎】

春秋時期，朝廷政令殘酷嚴苛，苛捐雜稅名目繁多，老百姓生活非常困苦。有些人實在受不了，只好舉家逃離到深山、荒野、沼澤去住，雖然缺衣少食，但是沒有官吏的侵擾，他們心想，或許努力點還可以活下來。

有家人逃到泰山，一家三代從早到晚，想盡辦法開闢田地、砍柴、建屋，經過一段時間，總算能勉強生活。當時山林裡總有猛獸的蹤跡，有一天，家中的祖父上山砍柴，再也沒有回來了，家人只找到殘缺的屍體，原來是被老虎吃了。家人十分悲傷，便更加小心翼翼的過日子。一年後，父親上山砍柴時，也不幸命喪虎口，如今只剩下孤兒寡母相依為命。

母親和兒子考慮要不要搬家，可是一想到搬進村裡，沒土地、沒房舍，還要面對官吏的騷擾與許多稅收，根本活不下去，只好繼續住下來。

又過了一年，兒子進山打獵，沒想到居然碰到老虎，最後也身亡了。全家只剩下母親存活，她對著三人的墳哭泣，不知道該怎麼辦才好？這天，孔子帶著弟子們經過泰山腳下，看到正在痛哭的母親，便請學生子路上前安慰並詢問原由。母親將家中三代均被老虎吃掉的事情告訴孔子一行人，孔子忍不住問說：「那妳為什麼不離開這裡，到別的地方生活呢？」

母親哭著說：「我們無路可走啊！這裡雖然有老虎，但是沒有殘酷的官吏、殘暴的政令與苛捐雜稅，我們還可以想辦法過日子，這裡有許多人家都和我們一樣是為了躲避暴政才進山的，要是回去，我們反而會活不下去啊！」

孔子聽後，十分感慨。對弟子們說：「學生們，你們要記住：殘暴的政令比吃人的老虎還要兇猛啊！」

錦·囊·妙·計

一、在〈捕蛇者說〉中，為何柳宗元表示要免除蔣家捕蛇差事時，蔣先生的反應會這麼大？

二、在〈苛政猛於虎〉中，祖父、父親相繼被老虎吃掉後，母子倆為何仍不搬家？

三、請問老虎、蛇這些猛獸，和苛捐雜稅與殘酷官吏相比，人民比較怕哪一種？為什麼？

隆中對策

一、請問這兩篇文章所要表達的共同意涵是什麼？

二、如果你是〈苛政猛於虎〉的母親，你會選擇繼續留在泰山嗎？

三、如果你是官員，聽到這兩則故事會作何反應？

●對話式寫作

寫作時，可以用對話來塑造情境，傳達要表達的主旨，可以讓讀者更容易融入、更容易理解，所以在寫作時可以嘗試利用。

但如果都是對話，那和劇本不是很像嗎？其實不一樣喔！劇本除了對話外，還有記錄動作、表情、音樂、道具、換場等。對話式寫作是指在文章的中段部分，是用兩人以上的對話方式來營造或表達主要情境或主旨，文章的開頭和結尾還是和一般文章相同。

◎牛刀小試

請先查明以下成語的解釋，然後任選五個成語，寫成一小段描述被高額稅收逼迫的人民的生活。

狐假虎威、民不聊生、苛捐雜稅、貪官汙吏、淚眼汪汪、小心翼翼、安養天年、安居樂業、虎虎生風、橫徵暴斂、相依為命、狐群狗黨、兔死狐悲、走投無路

漫畫

武林祕笈

●名言佳句

1.在所有借款中，人們最不喜歡的是繳稅。這對政府來說，是多大的諷刺啊！——愛默生

2.死亡和稅金都是無法逃避的。——英國高爾夫選手．哈利瓦頓

3.戰爭過去了，雙方皆因打擊而疲勞困頓，當和平終於來臨的時候，人們得到了什麼？那就是稅金、未亡人、義肢和貸款。——美國記者．摩爾

4.高枕邱中，逃名世外，耕稼以輸王稅，采樵以奉親顏；新穀既升，田家大洽，肥羜烹以享神，枯魚燔而召友；簑笠在戶，桔槔空懸，濁酒相命，擊缶長歌，野人之樂足矣。——《醉古堂劍掃》

5.獻策金門苦未收，歸心日夜水東流；扁舟載得愁千斛，聞說君王不稅愁。——《醉古堂劍掃》

6.王如施仁政於民，省刑罰，薄稅斂，深耕易耨。壯者以暇日修其孝悌忠信，入以事其父兄，出以事其長上，可使制梃以撻秦楚之堅甲利兵矣。——孟子．梁惠王上

●法律小常識：賦稅

稅收是國家建設的基石，依時繳納的稅收都會化為各項公共建設，提供我們享受便利的生活。

看完〈捕蛇者說〉的兩篇故事，真應該慶幸我們生在民主時代，而依憲法第19條規定，人民有依法律納稅之義務，不管是所得稅、營業稅、牌照稅、燃料稅等，大家都要依法依時繳納各項稅收，讓自己的生活更便利！

眼見眞的爲憑？

想一想

《修身進德嘉言錄》：「輕聽發言，安知非人之譖訴，當忍耐三思。因事相爭，焉知非我之不是，須平心暗想。」不應輕易相信聽到的話，最好是忍耐的再三思考，再作判斷；因為事情起了口角，必須平心靜氣的自我反省，才能知道我的錯誤。想一想，你是否有因為沒有細察事情原委，就胡亂下判斷，而引起紛爭的經驗呢？對於這種經驗，事後有什麼感受？

請聽我說

本文改寫自中國民間故事，內容描述一對夫妻因為以「眼見為憑」判斷情況，而產生的烏龍事件。請你思考看看，眼見一定為真嗎？有沒有可能還有其他狀況或原因，影響了我們的判斷呢？

有對夫妻生性多疑，常為一些小事爭吵，不只是夫妻間，就連鄰居或是同事，都因為這對夫妻善疑的個性而相處得不愉快。

一天，妻子準備了一桌豐盛的菜餚，想說如果能小酌一杯就更完美了，便拿著酒壺到酒缸去舀酒。丈夫剛好回來，妻子看到丈夫後非常高興，告訴他今天準備了豐盛的菜餚，還打算一起喝點酒。丈夫聽了也非常高興，便催促妻子快一點。

妻子回頭望向酒缸，透著月光，看到酒缸裡有位女人的影子，妻子非常不高興，便對丈夫破口大罵說：「我整日辛苦操持家務，你倒好，竟敢把其他女人帶回家！」

丈夫被罵得莫名奇妙，生氣的責問妻子：「你有沒有搞錯！證據呢？」

妻子拉著丈夫的手往酒缸裡瞧，丈夫在昏暗的光線下，只見酒缸裡有個男人的倒影，便甩開妻子的手說：「明明就是你在家裡藏了個男人。」

妻子說：「怎麼可能？」低頭往酒缸一看，明明就是剛才那個女人啊！她心裡更氣憤了，便對丈夫破口大罵：「你誣陷我，我跟你拚了！」便把手中的水瓢往丈夫頭上丟去。

丈夫側身閃過妻子丟來的水瓢，氣沖沖的說：「你不體諒我在外面工作的辛苦，還隨便誤會我，我不會再容忍你了！」便揚手打了妻子一個耳光。

這下可不得了了，妻子和丈夫扭打成一團，兩人滿臉抓痕、全身瘀青，衣服也撕扯得破破爛爛，最後兩人抱著一肚子氣，各自去睡了。

第二天，兩人衝向官府擊鼓，請縣太爺評理，縣太爺聽完兩人的敘述後，決定到現場勘查。他仔細詢問昨晚的狀況，心中已有主意。他請兩人站在酒缸邊原來的位置，確認是否有看到昨晚的情況，之後把缸打破，讓酒流完，請夫妻兩人再看一次，缸中空空如也，沒有男人，也沒有女人。夫妻倆羞愧不已。

錦·囊·妙·計

一、請問故事中夫妻兩人的個性有什麼共同特徵？

二、請問夫妻倆為了什麼事而吵架？

三、請問縣太爺打破水缸的目的是什麼？

隆中對策

一、你覺得造成這場誤會的最大原因是什麼？

二、你覺得夫妻倆面對誤會時的反應是否恰當？如果你被人誤會，會作何反應？

三、你相信「眼見為憑」嗎？從這則故事有獲得什麼啓發嗎？

●**作文教室：衝突的設定**

寫作時，「衝突」橋段往往是故事的高潮，可能是肢體的衝突，或是意見、思想的衝突，或兩者兼而有之，藉由「衝突」可以讓故事的劇情張力表現到最滿，或是傳達出作者想要傳達、探討的主旨，並引發讀者的思考。

◎牛刀小試

以下成語均可用來形容衝突發生的緊張氣氛或心情，請先查明解釋，然後任選兩個成語，組合完成一篇短文。

劍拔弩張、一觸即發、山雨欲來風滿樓、膽戰心驚、
不寒而慄、憂心忡忡

漫畫

竟敢把女人藏在這裡！
嗯……我比她還美。
竟敢在家裡偷藏男人！
嗯……我比他還帥。
唉……
請縣太爺評評理！
看，裡面根本什麼都沒有。
原來我看到的是自己！

疑鄰盜斧

想一想

《菜根譚》：「毋因群疑而阻獨見。」旨在告誡我們不要只依據眾人的懷疑，而不去查明真相，就擅自判斷他人的對錯。無故被他人懷疑自己的清白，總是令人憤怒又沮喪，所以當我們對他人升起懷疑、不信任之心，應該心同此理，先找出證據，最後再做出合理的結論。

請聽我說

本故事改寫自《列子．說符》，這是一篇寓言故事，也是生活中常會發生的事件。在閱讀故事以前，你可以回想一下，自己有沒有掉過東西卻懷疑是某人偷走的經驗，或是別人掉了東西，卻懷疑是你拿的經驗？

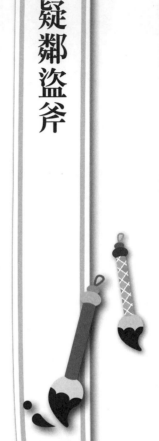

和大家討論一下，「失主」和「嫌疑犯」心裡各自的感受。還有，什麼樣的人容易被誤認成嫌疑犯？你把他列為懷疑對象的理由是根據證據，還是因為他平日人緣不好，或是最近和他吵架，或是他以前曾經偷過別人的東西？如果自己沒有做，卻因為上述的原因被列為懷疑對象，心裡又有什麼感覺與想法？充分討論過後，在閱讀文章時會有更多體會。

選文

從前，有個人花了半年多的積蓄買了一把斧頭。有了斧頭，就可以趁農閒時上山砍柴，不僅作為家用，還可將多餘的柴薪拿去市集販賣，增加收入，讓家人過好日子。因此，他十分珍惜這把斧頭。

日子一天天過去，他靠著這把斧頭賺了一些錢，家裡也有能力開始飼養雞、豬，然後靠著販售雞蛋和豬肉，為家裡再添一筆收入。原本只能喝稀粥、啃冷麵餅的日子過去了，現在的生活不僅有米飯與熱麵餅，過年時也有肉可以祭祖。他心裡盤算著，再過幾年，等孩子長大了，娶媳婦的錢應該也有著落。他越想越高興，又扛起斧頭和鄰居一同上山砍柴去了。

沒想到，這天運氣太差，正在砍柴時，林子裡突然衝出一頭熊。他嚇得冷汗直流，氣喘吁吁的一路跑回家，才定下心來，卻覺得手邊一空。糟糕，斧頭呢？他問鄰居有沒有看到他的斧頭，鄰居說他在林子另一頭砍柴，聽到熊的吼叫聲，就趕緊跑走，沒有注意到他的斧頭。他向鄰居道謝，悶悶不樂的睡下了。

第二天，村裡要組織勇民上山打那頭熊，鄰居邀他一起加入圍捕的行列。他說沒斧頭在手，不敢去，鄰居只好答應幫他留意斧頭的蹤影，便和其他村民上山打熊了。

鄰居沒有找到他的斧頭，他悶悶不樂，沒了斧頭，家裡少了一筆收入，只能更勤奮的工作了。一個月後，他從農地回來時，看見鄰居的兒子手上拿著一把斧頭，他左看右看，覺得就是自己遺失的那把斧頭，便認為一定是鄰居撿到了他的斧頭，拿給自己的兒子使用。他越看越覺得鄰居像是偷斧頭的人，說話像、表情像、走路更像，不管怎樣，就是像偷斧頭的人。他覺得十分生氣，打算找出證據向鄰居算帳。

過了幾天，家中的柴薪沒了，他便到山上撿拾枯枝。他邊想邊撿，邊撿邊走，不經意走到當初遇到熊的地方，就在樹根的地方，發現了一截奇怪的木頭，他用力一拔，這不就是自己的斧頭嗎？他高興的扛著斧頭，拿著枯枝回家了。

過幾天，他再看到鄰居，說話、表情、走路，怎麼看都不像是偷斧頭的人。他愉快的和鄰居打招呼，因為這幾天怪異的態度，還讓鄰居覺得莫名奇妙。

錦·囊·妙·計

一、從哪裡可以得知這個人對斧頭十分珍惜？

二、請問斧頭為他的生活帶來什麼樣的影響？

三、請問他為什麼認為鄰居偷了他的斧頭？

隆中對策

一、你覺得斧頭對這個人的意義是什麼？

二、你覺得這個人在遺失斧頭之後的行為是否適當，為什麼？

三、如果你重要的東西遺失了，你會如何處理？

●作文教室：寓言故事

寓言故事是故事的一種，和一般故事不同的是，它是以說理為目的。寓言故事在創作時，作者會有意識的編排故事，讓它符合某一道理，以此傳達給讀者。

以〈螳螂捕蟬〉故事為例，一位小孩想要用彈弓打黃鸝鳥，注意到在旁邊枝頭盡情鳴叫的蟬，沒有發現右後方的螳螂正高舉鐮刀般的前肢，準備下手；而螳螂的左上方枝頭，也有一隻黃鸝鳥正對螳螂虎視眈眈；同時，黃鸝鳥也沒發現牠後面的小孩，正在拉弓對著牠。藉由這則寓言故事，表達每個角色都只看到眼前的利益，對其他渾然不覺的諷刺意涵。

◎牛刀小試

以下成語均出自寓言故事，你能找到原本的故事嗎？

①塞翁失馬，焉知非福

……………………………………………………………………

②五十步笑百步

……………………………………………………………………

③掩耳盜鈴

……………………………………………………………………

漫畫

碰
剛剛在樹林遇到熊，好可怕！噢……我的斧頭呢？
呼
呼
呼
你去打熊時，幫我留意我的斧頭。
包在我身上。
這明明是我的斧頭，竟然跟我說沒找到。
明天一定要去討回公道。
爸，你的斧頭借我用一下。

謠言傷人

想一想

英國文學家莎士比亞說：「外表往往與事實不符，世人卻容易被外表的裝飾所欺騙。」想一想，如果你只聽信別人的話就下判斷，會發生什麼事？

請聽我說

本文改寫自《戰國策》，藉由誤傳曾參殺人這件事，彰顯謠言的可怕，就連自己的家人也可能因為謠言而有所懷疑。假設你未經查證，就將別人轉告你的話傳出去，等到大家傳得沸沸揚揚，卻發現根本就是子虛烏有的事時，你心裡會有什麼想法？又該如何面對受到干擾的當事人。如果被誤傳的主角換成是你，你又會有什麼樣的想法？

選文

孔子的學生曾參，是一位有名的學者，大家都為他無私的品德所折服。

在他的家鄉，有位與他同名同姓的人，一天在外鄉殺了人，消息傳回鄉里，大家都誤以為有德望的曾參是殺人犯，而感到非常震驚。

曾參母親的鄰居從一位目擊者那裡得知曾參殺人的消息，覺得不可思議，便趕緊告訴曾母，希望能向她確認。但是曾母一邊織布，一邊聽完鄰居口沫橫飛的轉述所聽到的消息後，斬釘截鐵的對鄰居說：「我的兒子向來潔身自愛，以追求知識為目標，以拯救蒼生為己任，他是不會作出殺人這種罪行的。」鄰居眼看不能獲得新的消息，便離開了。

過了一陣子，又有一位鄰居跑來曾母家中，他是從經商歸來的親戚口中知道這個消息。他告訴曾母，曾參在外地因為遭受別人的陷害與誣蔑，與別人發生爭執、扭打，一時氣不過，便殺了人。曾母仍不慌不忙的織著布，神色自若的告訴鄰居：「你可能聽錯名字了吧！我的兒子不會做這種事的。」鄰居悻悻然的走了。

又過了沒多久，又有一位鄰居氣喘吁吁的跑到曾母家中，大喊說：「不得了啦！曾參殺人啦！我那在官府當差的親戚說，他已經被抓住，關在牢裡判刑，過一陣子就要斬首啦！」曾母一聽，頓時緊張起來，心想：兒子該不會真的闖下大禍了吧！曾母丟下手中的梭子，關緊院門，想要去一探究竟，才走出村口沒多久，卻看到曾參和朋友從遠方走來，他看著滿頭大汗的母親，奇怪的詢問母親何故如此緊張。曾母詢問曾參之前人在何處，曾參覺得很奇怪，但還是恭敬的回答母親：「孩兒在朋友家討論書中的道理。」朋友在一旁點頭作證，曾母才鬆了一口氣。

後來曾參知道整件事的經過，不禁告誡兒子與弟子要謹言慎行，未經確認的事情千萬不要亂說，不然會引起禍端。

錦·囊·妙·計

一、請問有德望的曾參為何會被傳成是殺人犯？

二、請問大家為何會相信曾參殺人？

三、請問曾母為何最後會改變信念，相信兒子真的殺人了？

隆中對策

一、請問本文所要傳達的意涵是什麼？

二、如果你是曾參的鄰居，你會將這則消息傳給曾母嗎？

三、請問要怎麼做，才能避免犯下和故事中人物相同的錯？

●作文教室：連鎖反應

有的時候，在敘述發展性事件的時候，我們會用連鎖反應的方式來進行描寫。

連鎖反應並非流水帳，而是根據事件發展順序來進行描寫。針對事件的重點發展過程進行詳細描寫，刪去不重要的枝節，就像烤肉→搶食→燙到的事件，重點描寫因為搶烤肉而燙到的過程，至於如何點燃木炭並不重要。在寫作時，掌握這樣的原則，可以寫出有重點的文章哦。

◎牛刀小試

請先查明以下成語的解釋，然後任選五個成語，寫出一篇短文。

子虛烏有、莫名其妙、無中生有、道聽塗說、空穴來風、真憑實據、三人成虎、含沙射影、血口噴人、斬釘截鐵、橫眉豎眼、謹言慎行

....

....

....

....

漫畫

根據目擊者指出，曾參殺人了！
我不信！
我經商的歸來親戚說，曾參殺人了！
我不信！
我在官府當差的親戚說，曾參殺人了！
我還是不信！
我在監獄的獄友說……
你幹嘛一直造謠啊！

武林祕笈

●名言佳句

1.爭利起於人各有欲，爭言起於人各有見，如能淡泊自處，以知能讓人，胸中有無限快活處。——《修身進德嘉言錄》

2.嫉妒真是萬惡的根源，美德的蠹賊！一切罪惡都帶著莫名其妙的快樂，可是嫉妒只包含厭恨和怨毒。——《唐吉訶德傳》

3.對心胸卑鄙的人來說，他是嫉妒的奴隸；對有學問、有氣質的人而言，嫉妒卻化為競爭心。——奧國哲學家·卡爾波普

4.「貪婪」與「嫉妒」是共同生存的，而嫉妒比貪婪更可怕，他這樣說：「如果你給某人一百萬，他們會很開心，前提是他們不知道有人拿了一○一萬。」——股神巴菲特

5.毋因群疑而阻獨見，毋任己意而廢人言，毋私小惠而傷大體，毋借公論以快私情。——《菜根譚》

●法律小常識：誣告罪

古人說：「言多必失。」懷疑猜忌的種子一旦在心中種下，就像〈眼見真的為憑？〉、〈疑鄰盜斧〉、〈謠言傷人〉三篇故事的角色一樣，疑心生暗鬼。

如果不了解事情的來龍去脈，擅自以自己的胡猜亂想偽造、變造證據或妄言指控，意圖使無罪者受到刑事或懲戒的處分，傷害到其他人有形或無形的資產，如信譽、名聲、自尊等，就算犯了「誣告罪」。

「誣告罪」可處一到七年的有期徒刑，所以凡事有證據後再說，不要捕風捉影，最後反而惹出事端。

小人國遇難記

想一想

法國道學家拉·羅休福柯說：「我們總喜歡品評他人，卻不喜歡受人品評。」人們都不希望暴露自己的缺點，尤其是被人刻意拿著「放大鏡」擴大檢視自己的缺點時，遇到這樣的情況時，你會如何應對？

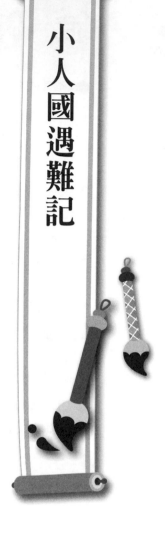

請聽我說

本文選自《格列佛遊記》，作者喬納森·斯威夫特（Jonathan Swift，1667—1745）是十八世紀英國最傑出的政論家和諷刺小說家，也是英國首相的親信和女王演說詞的起草人，更是英國啟蒙運動中激進民主派的創始人。因為他的激進，讓他的官途並不順遂，甚至被逐出倫敦。他在都柏林努力爭取愛爾蘭獨立，常被逮捕，晚景淒涼，親人去世，頭暈耳聾；每逢清醒，仍執筆寫作，直至七十八歲逝世，一生以清貧為榮。

他的文章諷刺英國當時黑暗的政治與劣習，代表作《格列佛遊記》也是如此。書中藉由小人國的種種作為，諷刺當時英國官員的虛偽、做作、不切實際。閱讀時，除了感受故事的趣味性外，還要思考小人國對待格列佛的作法，是否有違人權。

選文

格列佛一行人在前往東印度群島的途中，遇到了風暴，海面上大霧瀰漫，水手們發現船正往一塊礁石前進。水手竭力轉舵，但風勢太猛，砰的一聲，船撞上礁石，逐漸沉沒。他們趕緊將救生船放到海裡，竭盡全力的划，卻逃不出風暴的範圍，因此只好聽憑波濤的擺布。一陣大浪將小船掀翻了，格列佛努力游著，卻被風浪一再向前推去。

在格列佛無力掙扎時，他的腳撞到了地面，於是他順著海底緩坡走上海岸。那時是晚上，岸邊沒有建築，也沒有燈光，更沒有居民出來活動，疲累的格列佛找了一個地方，倒頭就睡。

等到格列佛醒來時，太陽正好從東方升起。他想站起來伸個懶腰，卻發現自己動彈不得，原來他的胳膊和腿，就連又長又厚的頭髮都被牢牢的綁在地上；他感覺從腋窩到大腿也橫綁著一些細細的帶子，帶子綁得很緊，他完全掙脫不開。格列佛朝上看，陽光刺痛了他的眼睛，他聽到周圍一片嘈雜聲，可是除了天空什麼也看不到。

過了一會兒，他覺得有東西在身上蠕動，他擔心是蟲子或是蛇，所以盡力掙扎，想要把牠趕走。牠從他的左腿上來，越過腹部、胸部，到下巴停了下來。格列佛用力的往下看，天哪！他看到了什麼，一個小人，喔，不，應該說是一群小人，一群拿著弓箭的小軍團，由一位神氣的將軍帶領。那位將軍拿著劍指著格列佛，大喊：「海琴那・德古爾」他不懂那是什麼意思，但從他們的表情看出，那可能不是什麼好話。

格列佛開始感到害怕，所以他奮力掙扎，拔出了他的左臂，又開始拉扯綁住他頭髮的木釘。他想抓住一個小人問清楚，沒想到他們一溜煙的逃了，只聽到「托爾戈・奉納克」，然後就有一百多根小箭，刺到他的左臂上，他們還用矛刺他的腰。幸好格列佛穿著一件米黃色的牛皮背心，所以沒有受傷，但他不想刺激他們，所以就安靜的不動，希望能再見到將軍，向他詢問情況。

他的右方傳來一陣敲打的聲音，他轉過頭，看到他們正在準備一個高臺，一群看起來很有身分的人，正從梯子爬上去。其中一位貴族，對著格列佛和底下的人民發表了一段長長的演說，從他的神態表情與肢體動作中猜測，格列佛似乎是被這群小人當成戰利品了。一天一夜沒有進食的格列佛，早已飢腸轆轆，於是揮手引起他的注意，果然又被矛戳了好幾下。他把手指放在嘴上，表示要吃東西，貴族揮揮手，幾副梯子出現在他的嘴巴兩側，一群居民利用接力的方式，將裝滿肉和麵包的籃子倒進他的嘴裡，餓昏頭的他嚼也不嚼的吞了下去。小人們看到他狼吞虎嚥的樣子感到十分驚訝，而貴族一群人則坐在高臺上，興趣滿滿的看著。東西如流水般的送過來，他後來才知道，這一頓飯吃掉了他們一個月的存糧。

經過這些刺激，加上吃飽喝足，格列佛沉沉睡去。等到再次醒來時，他發現自己雖然在移動，但仍被綁住，從前面的馬蹄聲得知，他被許多匹馬拉著，不知道要被送往何處。突然，他看見城牆，樣子看上去就像戲院裡所繪的城池布景，等到看到頭戴皇冠的國王出現在高臺上，這才知道原來他被運到了國都，這真是太不可思議了。

小人們把格列佛載進一座荒廢的古廟，用九十一條鏈條、三十六把鎖把他的左腿牢牢鎖在大門邊，讓他可以爬進爬出，國王和官員們則登上旁邊的塔樓，觀看已被解開繩索的格列佛。

錦·囊·妙·計

一、請問格列佛如何來到小人國？

二、請問小人們為什麼要把格列佛綁起來？

三、請問小人們為何要對格列佛射箭？

隆中對策

一、你覺得將軍發現格列佛時，他的心裡在想些什麼？

二、如果你是格列佛，面對小人們無故把你綁起來，你會如何反應？

三、如果你遭到他人限制自由時，該如何正確反應？

妙筆生花

●作文教室：對比性描寫

除了《格列佛遊記》裡的小人國外，中國名著《鏡花緣》中還出現過大人國和女兒國。大人國裡的人腳下有雲，雲會顯現人的善惡；女兒國則是顛覆男女性別的既定印象。這種對比於自身狀況和現實生活的描寫，都稱為對比性描寫。

對比性描寫除了出現在幻象性較重的故事中，在說理性散文中也大量運用，為了證明道理，會舉出正例、反例予以說明，這就是對比性描寫的利用。

對比性描寫可以與現實相互印證，引發讀者反思，寫作時可妥善運用。

◎牛刀小試

請根據下面兩段文字，試著寫出對比性描寫。

①餓昏頭的他將肉和麵包大口大口塞進嘴裡，嚼也不嚼的吞了下去。

②落後國家的人們，被大企業用廉價的工資雇用，每天超時工作，過著辛苦養家的生活。

咦？
我不能動了！
我為什麼不能動？
好重！難道是鬼壓床？
……
小黃，你幹嘛睡在我身上，難怪這麼重！

矮子國王

想一想

前教育部長郭為藩說：「人要被人所愛，先要愛別人，讓自己可愛。」想一想，你有因為外型被他人嘲笑，因而有不舒服的經驗嗎？

請聽我說

本文改寫自菲律賓作家科德羅．費爾南多的童話〈霍格爾和國王的湯〉，故事中設定一位矮個子的國王，身高只有四呎高（一百二十四公分），這樣的身高讓國王非常煩惱，所以他做了一些決定。請你讀完故事後，思考國王會這麼做的原因吧！

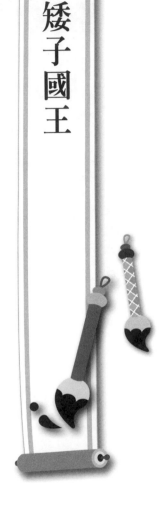

飛馬霍格爾喜歡旅遊，總是飛過一個又一個國家，到處見識新事物。一天，他經過一個國家，從天上看下去，發現大家的走路姿勢十分怪異。他感到非常驚奇，便降落下來一探究竟。他走在街上，看到每個人身高都不同，卻蹲成相同的高度走路。霍格爾看到前方有正在巡邏的軍官，走上前問道：「早安，先生，請問你們在做某種運動嗎？」軍官狠狠瞪了他一眼，一言不發的往前走去。

霍格爾又向前方趕車的年輕人詢問，但是年輕人似乎沒有聽到他的問話，便匆匆離去。霍格爾只好再往前走，看到前方的果園裡，有位婦人正想摘樹上的果實，但只差那麼一點點，指尖就是碰不到。霍格爾便說：「只要站起來不就摘到了嗎？」婦人聽到霍格爾的話，嚇得臉色發白，搖搖手，示意他不要再說。接著，婦人把他拉到自己家裡，關上門窗，側耳細聽了一陣後說：「我們的國王只有四呎高，自從他被別人嘲笑後，便制定了一條法令。要求所有比他高的人都必須蹲著過生活，否則就把腿砍斷，讓身高變成不到四呎高。」霍格爾聽了瞠目結舌，覺得太不可思議了。

後來，霍格爾在酒店中，又聽到國王的廚師為了要拿調味料而站直身子，剛好被國王看見，國王一怒之下便將他砍頭。霍格爾嘆氣說：「唉，這裡真是個可怕的地方！國王動不動就殺人，人們不敢談論國王和法令，只能整天膽戰心驚的過生活。唉，真是可憐！」霍格爾因為這番言論，很快的就被逮捕了。

國王此時正因殺了廚師，無法喝到美味的湯而發怒，看到霍格爾便不耐煩的揮揮手說：「拖下去砍了！」霍格爾不想莫名其妙的喪失性命，便問國王說：「您想吃世界上最美味的湯嗎？」

國王馬上睜大眼睛說：「難道你會做菜？」

「不會。」霍格爾從從容容的說，「不過，我有辦法弄到您想喝的那種湯。」

「那麼，我一天內要看到湯，否則，我不會饒過你！」

霍格爾出了王宮，立刻動身去找湯。他經過一個山洞時，聞到一股濃烈的香味，「這一定是最美味的湯！」霍格爾心想，便敲敲大門。

門打開了，一位醜陋的女巨人低頭看著霍格爾，疑惑的問：「請問有什麼事？」

「我在空中飛行，聞到一股香味，忍不住便來敲門，請問您正在煮湯嗎？」霍格爾問。

「您太誇獎了，我煮的不過是普通的湯罷了，您要是不介意，要不要嚐一碗？」女巨人笑著說。霍格爾也不推辭，端起一碗熱湯就喝。湯的味道太好了，喝過半碗後竟然感覺能聽到天上的美妙音樂。

「國王一定會喜歡喝這碗湯，」霍格爾心想，便對女巨人說：「國王正在徵求一名廚師，妳願意去應徵嗎？」

女巨人搖搖頭說：「你看我，我有八呎高，即使把兩條腿全部截掉，上半身還是超過四呎。我如果待在那個鬼地方，一天也活不下去！」

霍格爾想想也是，就向女巨人要了一碗湯，趕緊飛回王宮，把它遞給了國王。這湯真是美味而神奇！國王喝下第一口，就覺得渾身舒暢；喝下第二口，覺得彷彿躺在五彩繽紛的鮮花之中；喝下半碗，連天上的悠揚樂聲也聽得一清二楚了。

國王叫霍格爾去請廚師，並答應她可以站直走路。但是，女巨人還是婉言拒絕。

國王發怒了，親自帶兵要去教訓女巨人。女巨人看到怒氣沖沖的國王，便抽抽噎噎的哭了起來。國王實在沒有辦法，便問女巨人：「妳為什麼不願意做我的廚師呢？我是國王，從來沒有人敢違抗我。」

「你以為自己是國王就能做到任何事情？」女巨人邊哭邊說，「所以，你就叫人們蹲著走路。」

「當然！只有這樣，人們才能服從我，不會因為我的身高看不起我。」

「可是，你越是這樣做，越使人們記住你是一個矮子！人沒有十全十美的，如果想要別人忘記自己的缺點，就要努力讓別人發現自己的好。像我學做美味的湯，就是為了讓別人忘記我又高又醜的長相。」

女巨人的話深深打動了國王，於是他廢除了原來的法令，允許人們站直行走。從此，國家恢復正常，大家都過著舒適的生活。

錦·囊·妙·計

一、請問國王為何會命令所有人都得蹲著走路？

二、請問霍格爾如何解決自己的殺身之禍？

三、請問國王最後為何會廢除原來的法令？

隆中對策

一、請問霍格爾問問題時，軍官和居民為何都不回答？

二、請問使用暴力讓別人屈從，是有效的方式嗎，為什麼？

三、請問面對不合理的規定和法律時，你會勉強接受或是據理力爭？還是有其他的方法？

妙筆生花

●作文教室：假設情境

創作故事時，假設一個和現實相反的情境，會讓讀者充滿期待，也可以讓文章變得更豐富多彩。

寫作時，要注意「假設情境」必須合乎邏輯，有正確的因果關係，這樣假設才能成立，而非胡亂編造。

◎牛刀小試

請假設國王長太高，規定所有國民要踩高蹺過生活，故事會怎麼發展呢？請你想一想，寫下來。

相信我，沒喝到這裡的湯，你會終身遺憾！
讓我喝這種湯，簡直是想害我！
你們都蹲著，看不到自己在煮什麼，怪不得料理這麼難吃！
從今以後，廚師都要站起來作菜。
那我們呢？
那我們呢？

三件禮物

想一想

法國十九世紀著名作家巴爾扎克說：「人們只會尊重那些懂得自重的人。」當你看到別人擁有一件你夢寐以求，且唾手可得的寶物時，你會用怎樣的心態去面對？

請聽我說

本文改寫自智利的民間故事〈樹鬼的禮物〉，故事中的主角雖然貧窮，卻有顆善良的心，對照勢利的阿姨，在面對相同的物品，做出不同抉擇，導致不同的後果。請你讀完故事後，思考故事的結局。

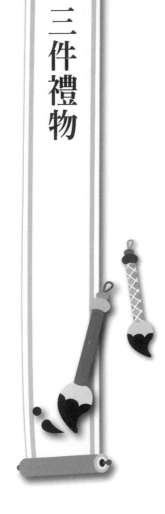

選文

好久好久以前，山村裡一戶人家，只剩下兒子山基諾和母親相依為命，靠著打零工與種菜來維持生活。山基諾家日子雖然過得辛苦，但是遇到鄰居需要幫忙時，仍義不容辭前往幫助。

一天，媽媽吩咐山基諾到森林去砍柴，給了他三塊餅，讓他在路上吃。山基諾來到了大森林裡，坐在一棵百年老榕樹下休息。他完全不知道，有三個樹精住在這棵樹的樹洞裡。樹精是一種如三歲孩童般矮小，膽子也非常小的精怪。

山基諾因為走得很累了，便拿出媽媽給他的餅，說：「我先吃一個，等一下再吃一個，最後再吃第三個，這樣應該就夠了。」

三個樹精在樹洞裡聽到，嚇得直發抖，誤以為山基諾要把他們吃掉，急忙從樹洞裡跳出來對山基諾說：「不要吃我們，不要吃我們！」山基諾覺得莫名其妙，一時也不知該如何回答。樹精看山基諾不回答，就更害怕了，連聲說：「我們送你一個椰殼做的魔罐。你想吃什麼，罐裡馬上就會有。」

山基諾高興的拿起魔罐便往家裡走去，心想以後不用挨餓了。在回家的途中，經過阿姨家，阿姨看到山基諾拿著罐子跑來，便破口大罵：「你這個傻瓜！要你上山砍柴，怎麼只拿個破罐子回家？」

山基諾把在森林裡遇到的事情告訴了阿姨。阿姨態度一變，熱情的招待山基諾吃了頓好吃的晚餐，準備了客房，等到他一入睡，便進入房間，用普通椰殼罐換走了魔罐。第二天早晨，山基諾謝過阿姨，拿起罐子急忙回家去了。

山基諾一看到媽媽，便興高采烈的說：「媽媽，我得到了魔罐！今後再也不必為做飯的事操心了，只要掀開魔罐的蓋子，裡面就有吃不完的食物呢！」

媽媽急忙掀開罐子，然後生氣的說：「罐子裡什麼東西也沒有。你這孩子不應該開媽媽的玩笑。」

第二天，山基諾又去森林裡砍柴。他在老榕樹附近看見了一個兔子窩，有三隻小兔子在東張西望。山基諾說：「太好了！我現在就捉住這三個小傢伙，把牠們放在簍火上，烤成香噴噴的美味午餐！」

樹洞裡的三個樹精聽到這句話，又嚇壞了。於是他們又跳出樹洞，不住的哀求說：「請不要傷害我們，我們送給你一根魔鞭，你只要把鞭子一揮，就會有一群水牛。」

山基諾心想，有水牛就可耕地，就有飯吃。他抓起鞭子便往家裡跑，經過阿姨家門前，山基諾又向阿姨講了森林裡發生的一切。阿姨又留山基諾過夜，他剛入睡，阿姨用一根普通的鞭子換走了魔鞭。早晨，山基諾拿起鞭子，和阿姨告別之後就回家了。

媽媽見他又沒有背回柴來，罵說：「你為什麼又空手回來了，難道不想吃飯了嗎？」

山基諾回答說：「媽媽，從今以後，我們家裡再也不會過窮日子了。現在我只要把鞭子一揮，就會有一群水牛了。」他揮了一下鞭子，但是一頭水牛都沒有出現。

媽媽氣壞了：「你又騙我！你現在馬上給我去砍柴！」

山基諾只好又返回森林去砍柴。他走到老榕樹下，看見樹旁的草叢裡長著三個野果，摸摸咕嚕作響的肚子，山基諾自言自語說：「只有三個實在太少了！我是要把它們一起吃掉，還是一個一個的吃掉。」

樹精聽到這句話，又從樹洞裡跳了出來，急忙遞過一根繩子，說：「送給你吧，請你千萬不要吃掉我們！這是一根魔繩。」

山基諾收下魔繩，又砍了一捆柴，便回家去了。走過阿姨的門前時，阿姨又留山基諾過夜。當阿姨再次要偷魔繩時，卻被捆住了，阿姨越掙扎，魔繩捆得越緊。山基諾一覺醒來，看到阿姨被捆住，他才明白，原來魔罐、魔鞭都是她偷的。在阿姨的懇求下，山基諾解開了魔繩，拿著魔罐、魔鞭回到家裡。

媽媽滿臉憂愁的坐在家裡，看到山基諾，便大喊：「我的孩子，你到哪裡去了？」山基諾並沒有告訴媽媽阿姨的所作所為，只對媽媽說：「別擔心，樹精又送我禮物了，這次保證有效。」

山基諾拿出魔罐，問媽媽想吃什麼，餓昏頭的媽媽說：「我想吃乾蝦米粉、粽子、甘蔗、餅和果醬！」這次，山基諾掀開罐子時，看見罐子裡是滿滿的食物。接著，山基諾又揮了一下鞭子，一眨眼，院子裡擠滿了一大群水牛。媽媽高興的不得了，抱著山基諾說：「我們可以過好日子了！」

母子倆因為有了水牛可以耕種田地，又有魔罐可以變出食物，所以種出的糧食全部都能拿去賣錢，家裡漸漸富有了起來。他們沒有忘了村裡的人，任何一個窮人來到山基諾家，都可以吃飽肚子，並得到一頭水牛去耕種自己的一小塊土地，村裡的人都很感謝他。

錦·囊·妙·計

一、請問樹精為何要送山基諾禮物？

二、請問阿姨對山基諾做了哪些事？

三、請問山基諾如何運用樹精送的禮物？

隆中對策

一、如果你是山基諾，發現樹精送的寶物一再失靈，你會作何反應？

二、如果你是山基諾，發現阿姨一再侵占寶物，你會如何處理？

三、請問山基諾為何要將自己的財富分送給別人？

●作文教室：誤會的衍生

創作故事時，設計一個雞同鴨講的情境，讓角色彼此之間產生誤會，最後衍生出各種情緒反應或反省，這種寫作手法在經典文學中屢見不鮮。因誤會引發讀者的閱讀興趣，進而想像之後的劇情發展，不管是愛情劇、生活劇、歷史劇均適用。

寫作時，安排誤會必須要合乎邏輯與情境，以免讓人有不自然的感覺。善用誤會可以讓故事更有趣，也可更方便傳達主旨。

◎牛刀小試

你有沒有因為「聽錯話」而產生誤會的經驗，試著以短文分享你或家人朋友，因為溝通不良產生的誤會經驗。

漫畫

武林祕笈

●名言佳句

1.如果有人沒有按你所希望的方式來愛你，那並不代表他們沒有竭盡所能地愛你。——英國劇作家．莎士比亞

2.別為了沒有食慾，而去譴責你的食物。——印度哲學家、詩人．泰戈爾

3.我所不能者，不敢以責人。人所不能者，不可以強人。——明朝散文家．魏禧

4.我不同意你的觀點，但是我誓死捍衛你說出它的權利。——法國哲學家．伏爾泰

5.做事時多為別人想一想，犯錯時多對自己看一看。——聖嚴法師

●法律小常識：人權

〈小人國遇難記〉中，當個人被惡意限制自由，是他人侵犯了我們的自由權；〈矮子國王〉中，當他人對你的外貌大肆批評，則侵犯了尊嚴權；〈三件禮物〉中，當別人擅自拿走你的東西，是侵犯了財產權。這些行為都危害了人生存的權利，即「人權」。

「人權」是指人生下來就應該享有的權利，包含

生命權：保障自身生存的權利。

自由權：保障維護人生存所需的自由範圍之權利。

財產權：保障自身財產以支持生存。

尊嚴權：人們互尊互愛，守禮有序，以維護生存及自由等。

以上權利不受國籍、種族、宗教等限制，是所有人均有的基本權利，所以簡稱「人權」。

大重點．小整理

篇名	一葉障目	小偷的咒語
導讀重點	當人面對困難時，要真正理解困難點，而非以「挖東牆補西牆」的方式來面對。	俗話說：「貪食者消化不良，貪甜者牙齒易壞，貪利者靈魂會腐，貪功者人格變歪。」不是自己的就不要用手段強求。
閱讀提問	1. 請問書生的妻子為什麼要帶書生到廚房？ 2. 請問書生為了賺錢做了哪些事？請問他有賺到大錢養家嗎？ 3. 如果你看到一個人眼前放著葉子在走路，你有什麼想法？當他保持這樣去拿別人東西的時候，你又有什麼想法？ 1. 請問書生為什麼會找不到人依附？ 2. 請問書生為什麼賣字畫、做小二都失敗？ 3. 請問書生帶葉子出門前，為什麼要對孩子說那番話？你覺得書生心裡在想些什麼？	1. 請問這個人每偷必失敗的原因是什麼？ 2. 請問男主人為什麼要編出咒語的故事？ 3. 請問你覺得這個人為什麼會有這樣的結果，他應該怎麼做才對？ 1. 請問你覺得這個人立定要當小偷的志向如何，請說明你的理由。 2. 請問，如果你是男主人，當場揭穿梁上有小偷，可能會有什麼後果？ 3. 請問這篇故事主角的個性特點是什麼？對故事的走向有什麼樣的影響？
閱讀層次	直接提取與推論 詮釋整合	直接提取與推論 詮釋整合
寫作層次	故事續寫	故事改寫
寫作練習	每個故事進行都有一定的順序與邏輯，從故事中產生的衝突、問題，一定要解決，解決的方法有很多種，作者在寫作的時候，會從要表達的主旨、主角的性格、環境的設定等方面來考量、決定主角的抉擇。我們可以在讀完故事後，學習作者考量的方式，根據原故事邏輯，來思考故事可能的其他走向，賦予故事新的意涵。	故事中角色的個性，與故事敘述的邏輯息息相關。如果今天在某個地方，因為一個事件，導致主角的個性轉變，或是能力提升，故事的發展就隨著主角的成長而有所改變。故事改寫就是如此，讓老故事舊瓶裝新酒，產生新的意義。

大重點．小整理

篇名	國王的新衣	河伯娶親
導讀重點	自欺欺人並不能解決問題，反而會落入詐騙的陷阱裡。	以知識助人，多多益善；以知識害人，反而招致更大的劫難。
閱讀提問	1.請問王宮裡的裁縫師為什麼做不出新衣了？ 2.請問王宮裡的大臣、侍衛為什麼都不敢說看不見布料？ 3.請問國王為什麼再也不做新衣了？	1.請問西門豹為什麼要偷偷去問老人家問題？ 2.請問西門豹為什麼要觀察河川？ 3.請問用河伯娶親的方式，反將他們一軍，還是直接將巫祝、學者、官吏抓起來，哪種方法比較好？
	1.請問你覺得國王為什麼挑不到滿意的衣服？ 2.請問你覺得這個國王個性上有什麼特點，才會被兩位裁縫師騙？ 3.請問如果看布料時，將軍或宰相說實話，國王會相信嗎？	1.請問西門豹為什麼不馬上把巫祝、學者、官吏抓起來？ 2.請問西門豹為什麼要花一個月的時間四處觀察？ 3.請問你覺得鄴城的人民為什麼會被騙？西門豹是用什麼樣的邏輯解決的呢？
閱讀層次	直接提取與推論 詮釋整合	直接提取與推論 詮釋整合
寫作層次	角色簡介	推理寫作
寫作練習	角色簡介和內容簡介稍有不同的是，內容簡介就像摘要或是大意，角色簡介則要避免寫得像大意一般把劇情都洩露光了。寫作時要針對角色的個性、活動區域、生存年代、主要經歷事件、主要夥伴、職業等項目進行簡單的介紹，每項介紹儘量不要超過五句話，以引起讀者對此角色興趣，形塑角色形象為寫作原則。	推理，可以分為直接推理、間接推理等。直接推理是指線索清晰可辨，從中理出邏輯順序；間接推理則是指直接線索難尋，則需用間接線索予以證明推論的合理性。這是一種閱讀技巧。 閱讀需要有文章為主題，代表文章在寫作時，已用推理的概念來鋪排邏輯，進行寫作。這種寫作手法要先經過縝密的思考和審慎的取材，建議寫作前先整理出寫作脈絡，並依此訂定大綱，再進行寫作，以免寫作偏離旨意。

大重點・小整理

篇名	豫讓與趙襄子	強盜？強盜！
導讀重點	即使出自善意，但用傷害他人的手法來報恩並不可取。	在面對暴力奪取的狀況時，要如何保護自己。
閱讀提問	1. 請問豫讓為什麼要一直換君王侍奉？ 2. 請問豫讓為什麼要刺殺趙襄子？ 3. 請問豫讓第一次刺殺為什麼會失敗？ 4. 請問豫讓用什麼方式完成心願？ 1. 請問豫讓對范氏、中山氏、智伯的態度不一樣的原因是什麼？ 2. 請問趙襄子為什麼會很恨智伯，以什麼行為展現？ 3. 請問你覺得豫讓為什麼不惜自毀身體，也要報恩，你認為這樣好不好？ 4. 請問你覺得豫讓朋友的建議如何？豫讓為什麼拒絕？	1. 請問牛缺為什麼會被強盜殺害？ 2. 請問郤雍為什麼會被強盜殺害？ 3. 請你想一想，這兩則故事要傳達的重點各是什麼？ 1. 請問你覺得牛缺、燕人弟弟面對強盜的態度合宜嗎？為什麼？ 2. 請問你覺得魏文子為什麼會告訴晉侯「郤雍止盜」是無效的？ 3. 請你想一想，當你碰到類似狀況的時候（不友善對待或危及人身安全時），要怎麼面對？
閱讀層次	直接提取與推論 詮釋整合	直接提取與推論 詮釋整合
寫作層次	語詞組文	順序性寫作
寫作練習	語詞組文的重點在於能確認了解並掌握各語詞的意思與用法，再選出可以組成一個情境的語詞來進行寫作。這種寫作方式可以擴充語詞的認識量、增進語詞的了解、精熟語詞的運用，並以短文寫作的方式進行練習，磨練寫作技巧。	依照一定的順序來寫作，可以明確表達出寫作意旨，也可以讓讀者容易理解。故事通常是由一連串的事件所組成的，事件可以發生在同一時空，也可以跨越時空。為了解決事件，便會有一定發展的邏輯。事件的起因→事情的發展→事情的轉變(可能不只一次)→事情的結果 寫作時，可用此方式來思考，讓文章邏輯清晰。

大重點・小整理

篇名	導讀重點	閱讀提問	閱讀層次	寫作層次	寫作練習
鹽石磨	能知道自己的限制就不會有過度的貪慾。	1. 請問你覺得嫂嫂為什麼希望弟弟離開家？ 2. 請問老爺爺為什麼要給弟弟小石磨？ 3. 請問哥哥使用小石磨的結果為什麼會和弟弟不一樣？ 1. 請你想一想兄弟兩人在失去父母親時與兩人一起相依為命時，各是什麼樣的心情？ 2. 請問弟弟為什麼要到鄰鎮賣鹽？為什麼要讓鄰居以為他是捕魚致富？ 3. 請問你覺得嫂嫂在兩兄弟的人生中，扮演什麼樣的角色？她的個性對於她的言行有何影響？	直接提取與推論 詮釋整合	轉折寫作	寫作中如果有一個轉折，讓結果與之前的預期有所落差或完全不同，可以提升讀者的閱讀興趣，也會讓文章更有說服力。 例如為了證明準時的重要，所以故事中要設計主角有一天不準時會引發的後果，證明準時很重要。如果是故事，可以用不準時為一個轉折，將原本的預期全盤打亂，讓主角有新的經歷，讓故事有新的發展。
賣湯圓	如果有人願意以賠本的價錢賣東西給你，這東西的品質會有保障嗎?	1. 請問教書先生為什麼對老人搖搖頭走了？ 2. 請問老人為什麼用賠本的方式賣湯圓？ 3. 請問你覺得之後村民們會有什麼樣的反應？ 1. 請問老人的真正目的是什麼，為什麼要用賣湯圓的方法來實現？ 2. 請問村民們為何都選吃到飽的方式占老人便宜？ 3. 請問這篇故事的主旨是什麼？	直接提取與推論 詮釋整合	主題寫作	主題寫作指得是不指定文體，而是指定寫作取材方向的寫作方式。所以在寫作時，文體是依照要表達主旨最合適的方式來決定的，不同的作者會選擇不同的文體來寫作，只要能傳達主旨，文章通達理順即可。

大重點．小整理

篇名	阿順的小金貓	放羊的孩子
導讀重點	當你手捧六分滿的碗，你將有碗湯可喝；當你手捧十分滿的碗，只有溢出打翻的份。	蘇格拉底說：「扯了一個謊，一定被迫再編造二十個謊話去支持它。」最後落得身敗名裂。
閱讀提問	1. 請問阿順為何要砍柴？ 2. 請問阿順為什麼要幫助老爺爺，老爺爺又為什麼要送阿順小貓？ 3. 請問阿順的母親為什麼會把小貓養死？ 1. 請你整理出這篇故事的敘述軸線。 2. 請問阿順看到母親抱著小貓在哭，他心裡會又什麼想法，會採取什麼行動？ 3. 請問這篇故事的主旨是什麼？	1. 請問你覺得孩子為什麼要放羊？ 2. 請問如果你是村民，當孩子未說出事實時，第三次喊「狼來了！」你心裡會有什麼想法？ 3. 請問你覺得孩子最後的下場是什麼？ 1. 請問你覺得村民為什麼要讓孩子放羊？村民為什麼還要湊錢給孩子？ 2. 請問你覺得孩子第一次、第二次的理由是否能取信於人？為什麼？ 3. 請你評論孩子的下場，並分析會造成此下場的原因。
閱讀層次	直接提取與推論 詮釋整合	直接提取與推論 詮釋整合
寫作層次	突出主題物的作用	輪迴式結構
寫作練習	在以事件為主寫作中，常會出現一主題事件或主題物，來主宰事件的進展。主題物的規定與限制並非亂定，而是為了凸顯文章旨意而設置，主題物的功能越強，結局的衝擊性就越大，寫作時，若能妥善運用主題物，可以讓文章更吸引人。	在故事中，我們常常可以發現會有類似的狀況重複發生，我們稱為輪迴式結構。以〈綠野仙蹤〉故事為例，桃樂斯先後遇到稻草人、錫鐵人、獅子，雖然有各自的問題與難處，穿過許多地方、面對許多困難，但是最終目的是要趕走壞女巫，每次冒險都有類似的地方，讓讀者在闖通關的過程中逐漸提升閱讀的興趣。這就是輪迴式結構的好處。

大重點．小整理

篇名	誠實的樵夫	捕蛇者說
導讀重點	當你說謊就是在抵押自己的信用，是沒有好下場的。	有必要的稅才能使國家發展。
閱讀提問	1. 請問村民在湖邊進行什麼活動？ 2. 請問樵夫為什麼會坐在湖邊大哭？ 3. 請問樵夫為什麼會收到三把斧頭？另一個樵夫一把也得不到？	1. 請問永州人為什麼要抓蛇？ 2. 請問老虎、蛇這些猛獸，和苛捐雜稅與殘酷官吏相比，人民比較怕哪一種，為什麼？ 3. 請問你覺得官員為什麼要收這麼多稅？
	1. 請問樵夫為什麼看見湖神會發抖？ 2. 請問你認為樵夫為什麼不要金銀斧頭，而要鐵斧頭？ 3. 請你評論另一個樵夫的行為。	1. 請問為何柳宗元表示要免除蔣家捕蛇差事時，蔣先生的反應會這麼大？ 2. 請問在祖父、父親相繼被老虎吃掉後，母子倆為何仍不搬家？ 3. 請問這兩篇文章所要表達的共同意涵是什麼？
閱讀層次	直接提取與推論 詮釋整合	直接提取與推論 詮釋整合
寫作層次	選擇主導寫作	對話式寫作
寫作練習	在寫作時，如果面臨一個狀況，必須選擇努力、偷懶；善良、邪惡等方向，不同的方向會導致不同的結果，也會決定文章的走向與感覺。像蟋蟀與螞蟻就是努力和偷懶的選擇，北風與太陽則是不同方法的選擇。 當在文章中出現選擇的時候，會引發讀者的思考，作者會藉此傳達本文的旨意，有的文章或故事中也會出現善惡對轉的狀況，導致故事有不同的發展，像是周處除三害就是由惡轉善的故事。不同的選擇讓故事可以傳達不同的意思，顯現不同的風貌，寫作時可考慮加以運用。	對話式寫作是指主要情境或主旨是用兩人以上對話的方式來營造或表達出來，也就是文章的中段部份。文章的開頭和結尾還是和其他文章相同。這種表達方式可以讓讀者更容易融入，更容易理解。

大重點．小整理

篇名	眼見真的為憑？	疑鄰盜斧
導讀重點	眼睛傳到大腦的印象如果未經深思，有可能會判斷錯誤。	疑心生暗鬼，沒有充分的證據不要隨便懷疑別人。
閱讀提問	1. 請問夫妻倆為什麼會吵架？ 2. 請問夫妻倆人的個性有什麼共同特徵？ 3. 請問縣太爺為什麼要現場勘查？ 1. 請問夫妻倆為何和鄰居、同事相處不好？ 2. 請問你覺得夫妻倆爭執的原因是什麼？ 3. 請問縣太爺為什麼要打破水缸？夫妻倆為何會因此羞愧呢？	1. 請問由哪裡可以得知這個人對斧頭的態度如何？ 2. 請問斧頭帶給他生活什麼樣的影響？ 3. 請問他為什麼會認為鄰居偷了他的斧頭？ 1. 請問你覺得斧頭對這個人而言有什麼意義？ 2. 請問你覺得這個人在斧頭丟了之後的行為是否適當，為什麼？ 3. 請問他對鄰居家截然不同的態度，會讓鄰居有什麼樣的想法？
閱讀層次	直接提取與推論 詮釋整合	直接提取與推論 詮釋整合
寫作層次	衝突的設定	寓言故事
寫作練習	在寫作時，有時我們為了傳達主旨，會特意經營一個衝突的場景，或是有著衝突個性的角色，讓文中出現衝突的場景，可能是肢體的衝突，或是意見、思想的衝突，或兩者兼而有之，這種衝突是針對一個主題而發生的，而這個主題是作者想要傳達、探討的。這種寫作方式會引發讀者的思考，比較常用在傳記類記敘文、說理性散文、寓言故事等。	寓言故事是故事的一種，和一般故事不同的是，它是以說理為目的。寓言故事在寫作時，作者會有意識的編排故事，讓它符合某一道理的規定，以此傳達給讀者。

大重點·小整理

篇名	謠言傷人	小人國遇難記
導讀重點	連續三個人說看到老虎，大家都相信都老虎，謠言是很可怕的，所以任何訊息都要先思考再選擇是否相信。	當別人惡意限制你的活動或是綑綁住你的身體，就是侵犯了人身自由權。
閱讀提問	1.請問曾參為何會被傳說殺人？ 2.請問大家為何會相信曾參殺人？ 3.請問曾母為何最後還是相信兒子殺人了？	1.請問格列佛為什麼會到小人國？ 2.請問小人為什麼要把格列佛綁起來？ 3.請問小人為何要對格列佛射箭？
	1.請問為何會有曾參殺人這樣的誤會？ 2.請問本文所要傳達的意涵是什麼？ 3.請問要怎麼做，才能避免犯下和故事中人物相同的錯？	1.請問將軍發現格列佛時，你覺得他的心裡在想些什麼？ 2.請問格列佛為什麼會被帶到國都，覲見國王？ 3.請問你覺得他們把格列佛關起來，給他吃來觀賞他，這種作法對嗎？
閱讀層次	直接提取與推論 詮釋整合	直接提取與推論 詮釋整合
寫作層次	連鎖反應	對比性描寫
寫作練習	有的時候，在敘述發展性事件的時候，我們會用連鎖反應的方式來進行描寫。 連鎖反應並非流水帳，而是根據事件發展順序來進行描寫。針對事件的重點發展過程進行詳細描寫，刪去不重要的枝節，在寫作時，掌握這樣的原則，可以寫出有重點的文章哦。	對比於現實生活的描寫，都稱為對比性描寫。對比性描寫除了在幻象性較重的文章中利用外，在說理性散文中也大量運用，為了證明道理，會舉出正例、反例予以說明，這就是對比性描寫的利用。對比性描寫可以與現實相互映證，引發讀者反思，寫作時可妥善運用。

大重點・小整理

篇名	矮子國王	三件禮物
導讀重點	如果惡意或戲謔的批評對方的外表，等於侵犯了對方的尊嚴權，亂取綽號也算。	如果亂拿別人的東西不但侵犯了對方的財產權，也同是犯下竊盜與侵占罪，不是自己的東西不要拿。
閱讀提問	1. 請問霍格爾問問題時，軍官和居民都不回答？ 2. 請問國王為何動不動就殺人？ 3. 請問霍格爾如何解決自己的殺身之禍？ 4. 請問國王為何改變想法？	1. 請問樹精為何要送山基諾禮物？ 2. 請問阿姨做了什麼事？ 3. 請問山基諾如何運用樹精送的禮物？
	1. 請問國王制定法律時，心裡可能有什麼樣的想法？ 2. 請問霍格爾用什麼樣的方式讓國王改變心意？ 3. 請問如果用暴力的方式讓別人屈從，是有效的方式嗎，為什麼？	1. 請問樹精為何一再的送山基諾禮物？ 2. 請問山基諾收到禮物的反應如何？ 3. 請問阿姨為何想要山基諾的禮物？ 4. 請問山基諾為何要送別人東西？
閱讀層次	直接提取與推論 詮釋整合	直接提取與推論 詮釋整合
寫作層次	假設情境	誤會的衍生
寫作練習	假設一個和現實逆反的情境，請問會有甚麼樣的發展呢？這種寫作方式，會讓讀者充滿期待，也可以充分發揮想像力，讓文章變得更豐富多彩。在寫作時，要注意假設必須合乎邏輯，有正確的因果關係，這樣假設才能成立，而非胡亂編造。	在寫作時，如果設計一個雞同鴨講的情境，讓文章能有新的發展，最後也可有後悔或是其他情緒的衍生，這是在故事中常見的手法。在寫作時，安排誤會必須要合乎邏輯與情境，以免讓人有不自然的感覺。善用誤會可以讓故事更有趣，也可更方便傳達主旨。

認識這本書的編著者

吳淑芳

國立臺灣師範大學社會教育研究所（四十學分班）、國立臺北師範學院輔導教學碩士。九十二～九十九年期間曾任新北市國民教育國語文輔導團召集人。

現任：新北市新店區新店國小校長、新北市提升國小學生國語文能力教師增能組召集人、國立臺北教育大學兼任講師。

吳惠花

國立臺北教育大學語文與創作教學碩士。曾任新北市國語文輔導團專任輔導員、國立臺北教育大學作文師培中心講師、國立編譯館國語文國小教科書審查委員（二〇〇六～二〇一〇）、教育部國語文領域課程與教學諮詢教師。

現任：新北市鄧公國小主任、備用校長。

忻詩婷

國立新竹師範學院語文教育系、臺北市立教育大學應用語言文學研究所碩士肄業。曾任新北市國民教育國語文輔導團深耕輔導員。

現任：新北市永和區頂溪國小總務主任。

認識這本書的漫畫家

古氏

從小喜歡漫畫，最初接觸的漫畫是《哆啦A夢》。漫畫之所以動人，不僅是題材多元，就算語言不通，也能透過看圖說故事，了解作者想要傳達的意念。因而在求學過程中，每當上課到無聊之際，便會開始塗鴉，因而就這樣愛上了畫圖，真是個很奇妙的過程。

中小學生學習書

中小學生必讀的法治故事

2013年10月初版　　定價：新臺幣230元

著者	吳淑芳	
	吳惠花	
	忻詩婷	
繪者	古氏	
總編輯	胡金倫	
發行人	林載爵	

出版者	聯經出版事業股份有限公司
地址	台北市基隆路一段180號4樓
編輯部地址	台北市基隆路一段180號4樓
叢書主編電話	(02)87876242轉213
台北聯經書房：	台北市新生南路三段94號
電話：	(02)23620308
台中分公司：	台中市健行路321號1樓
暨門市電話：	(04)22371234ext.5
郵政劃撥帳戶	第0100559-3號
郵撥電話：	(02)23620308
印刷者	世和印製企業有限公司
總經銷	聯合發行股份有限公司
發行所：	新北市新店區寶橋路235巷6弄6號2樓
電話：	(02)29178022

叢書主編	黃惠鈴
編輯	張玟婷
整體設計	蕭玉蘋
校對	趙蓓芬

行政院新聞局出版事業登記證局版臺業字第0130號

本書如有缺頁，破損，倒裝請寄回台北聯經書房更換。　ISBN 978-957-08-4271-5 (平裝)
聯經網址：www.linkingbooks.com.tw
電子信箱：linking@udngroup.com

國家圖書館出版品預行編目資料

中小學生必讀的法治故事/吳淑芳、吳惠花、忻詩婷著．初版．臺北市．聯經．2013年10月（民102年）．192面．17×23公分（中小學生學習書）
ISBN 978-957-08-4271-5（平裝）

1.生命教育 2.中小學教育 3.兒童讀物 4.青少年讀物

523.35　　102019154